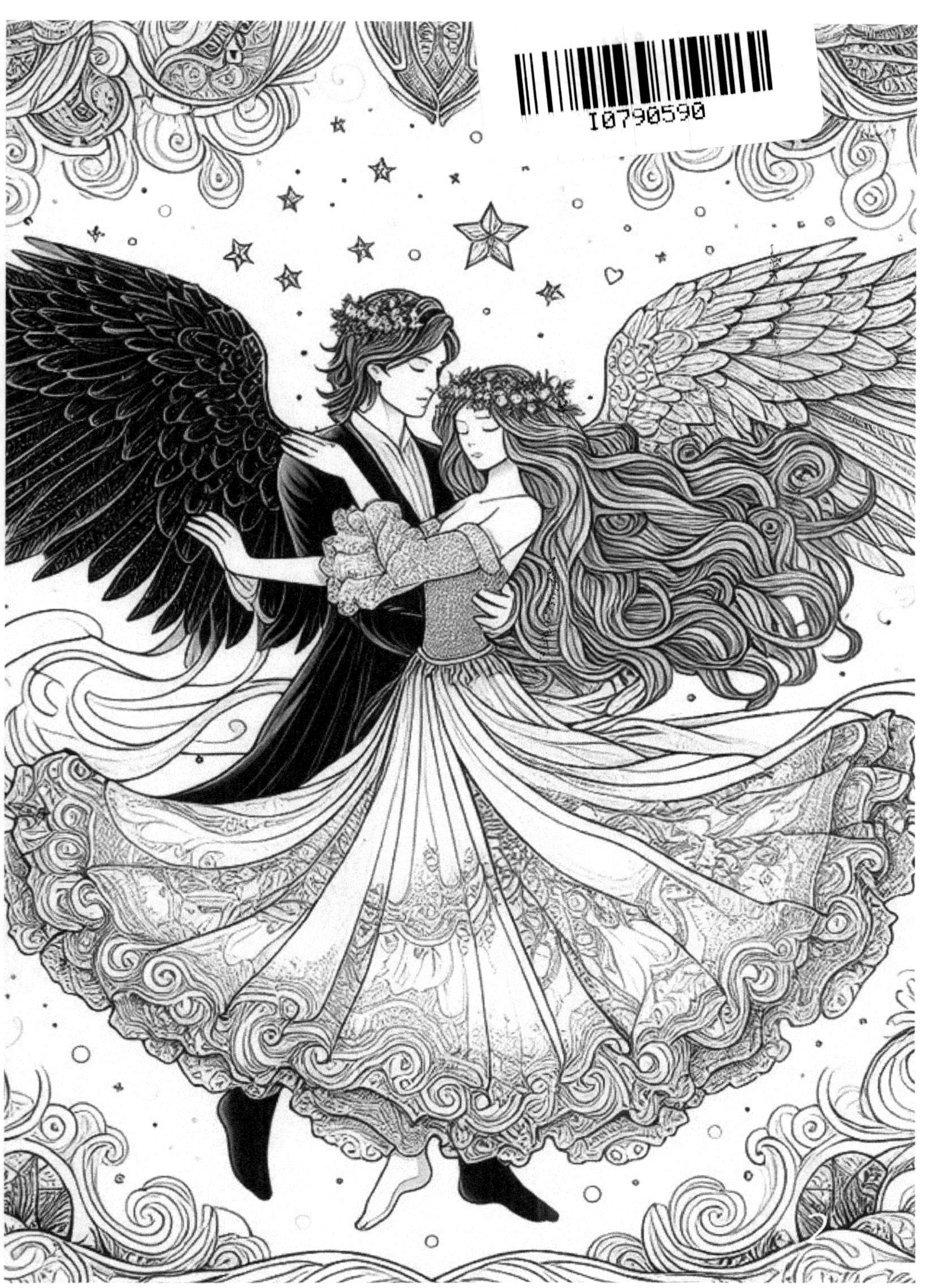

I0790590

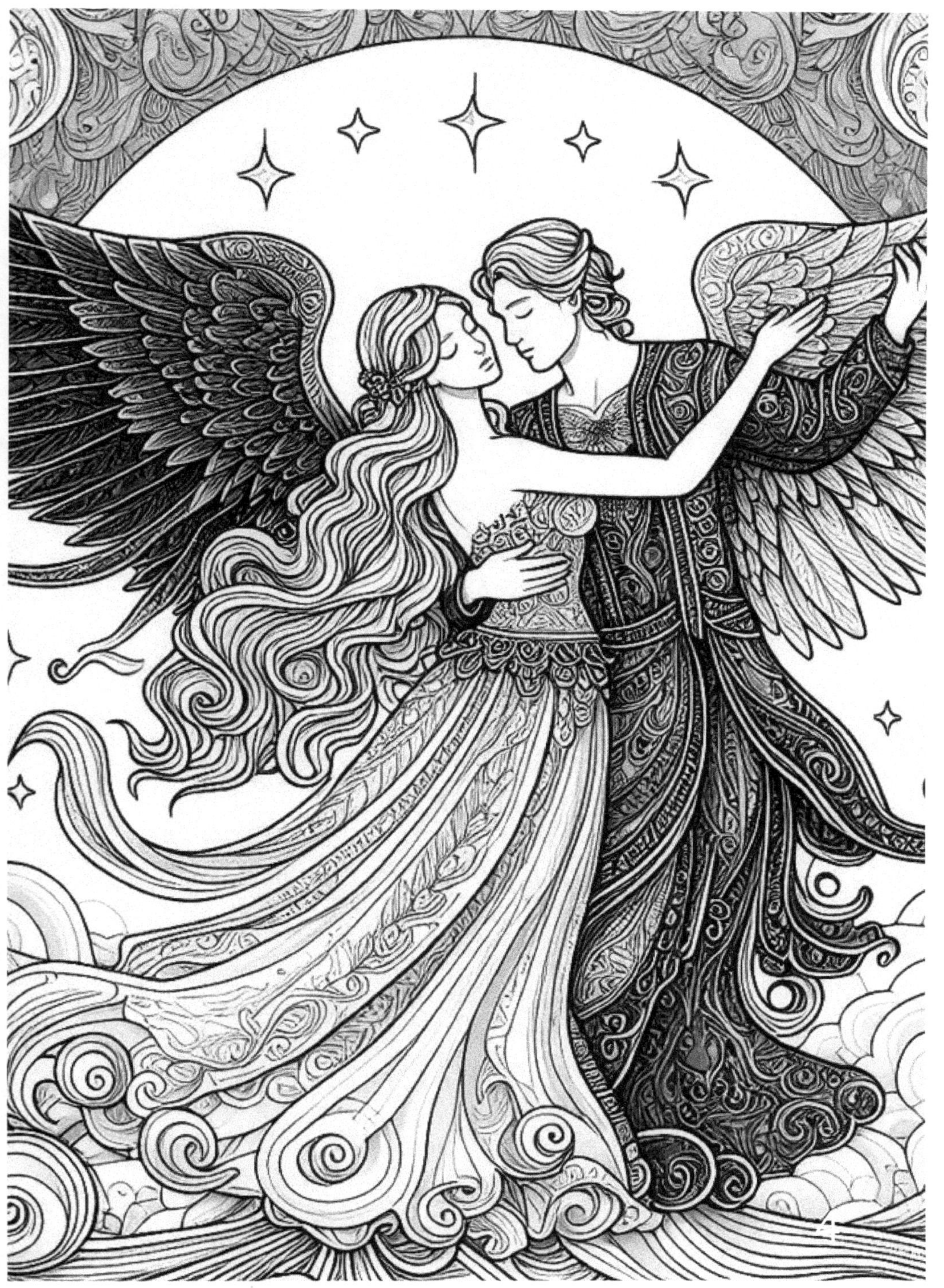

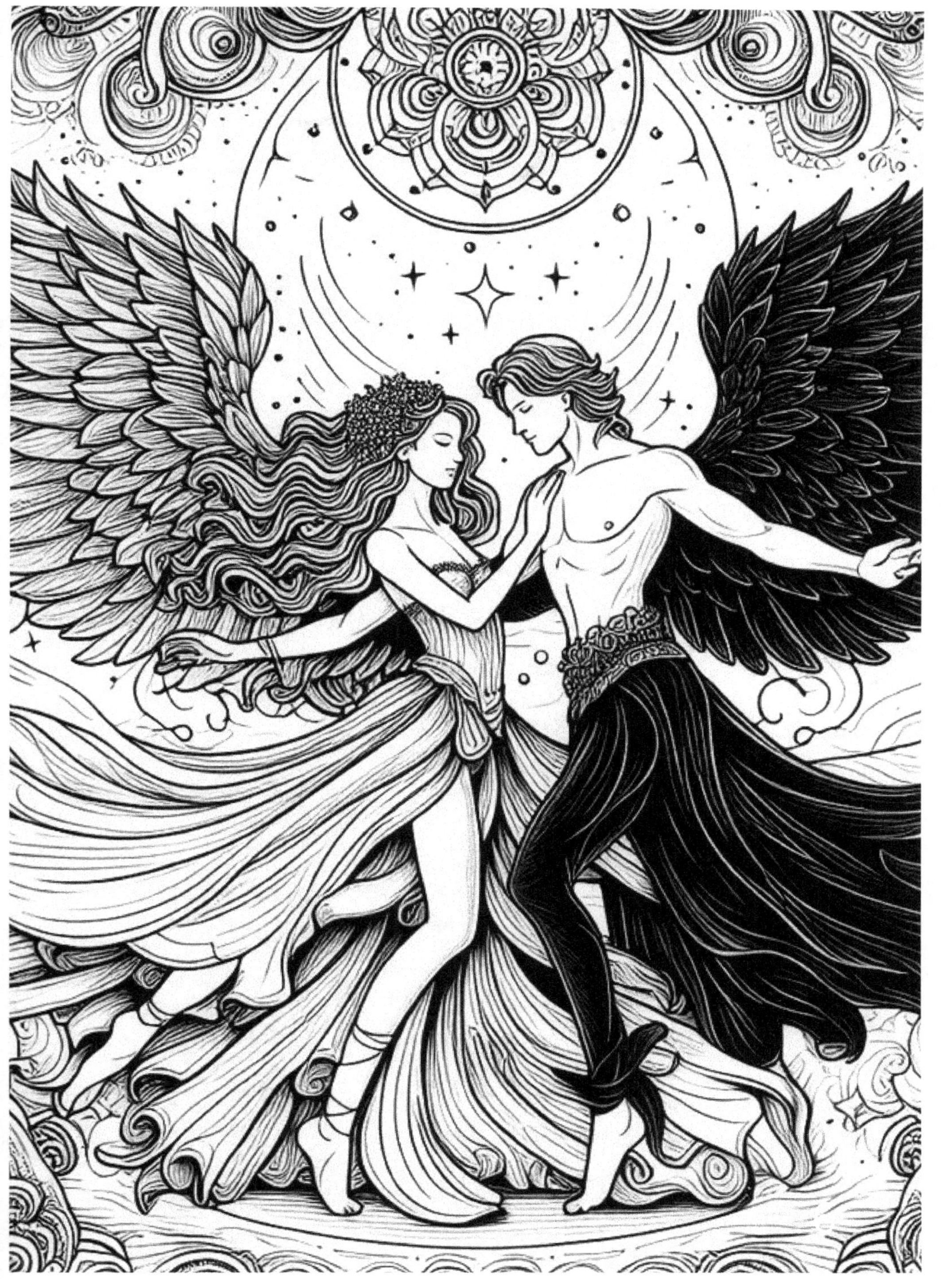

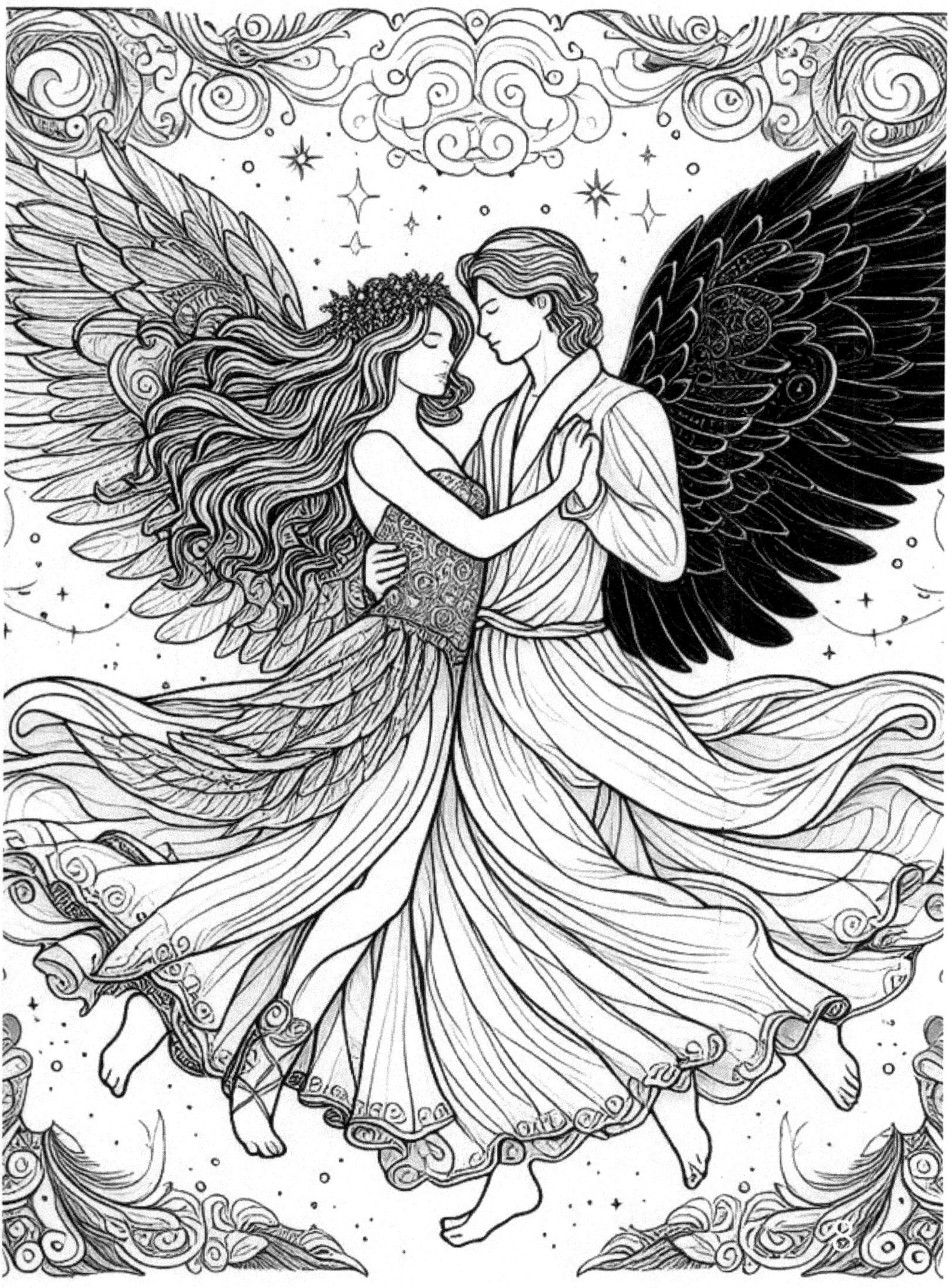

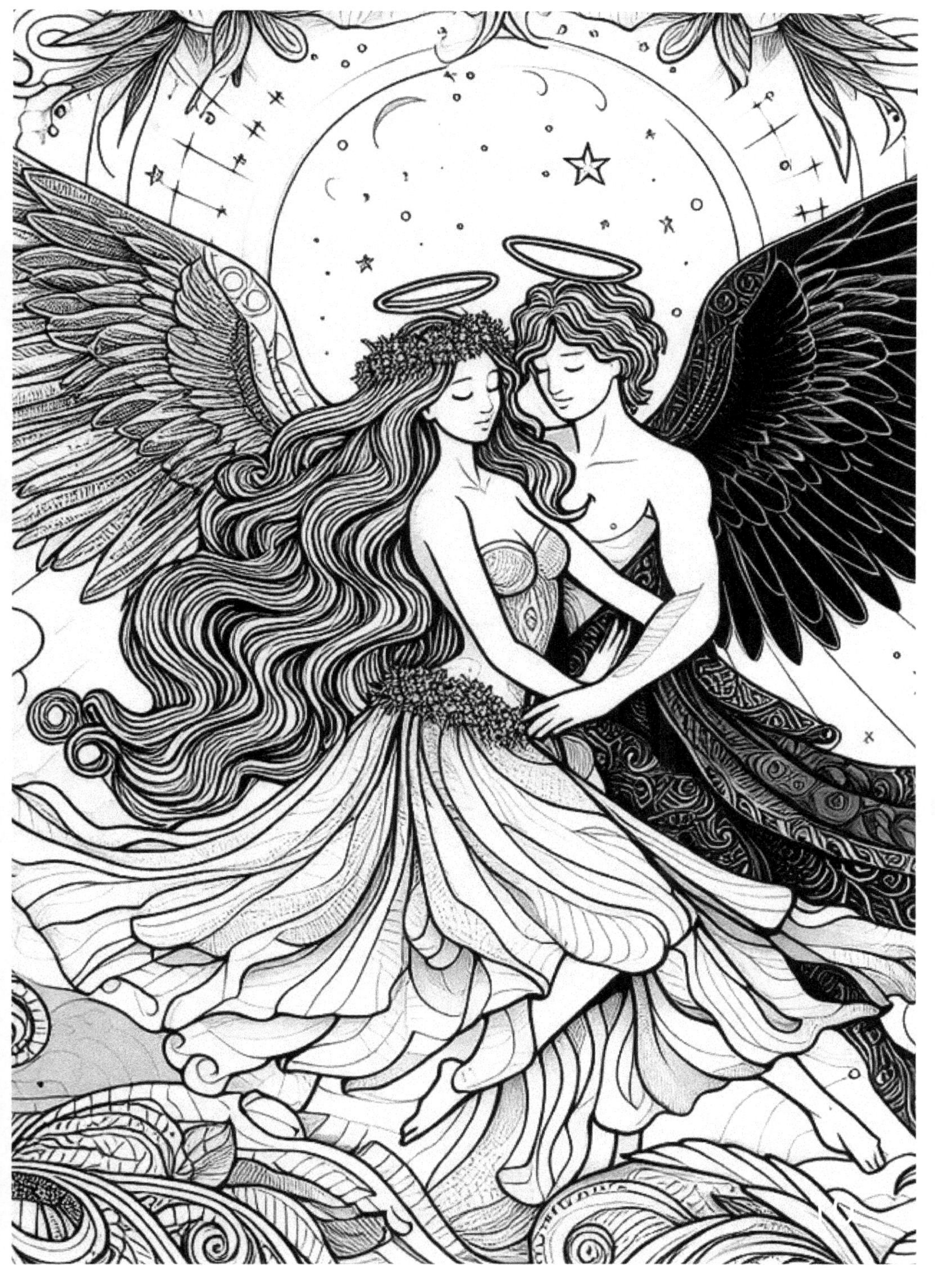

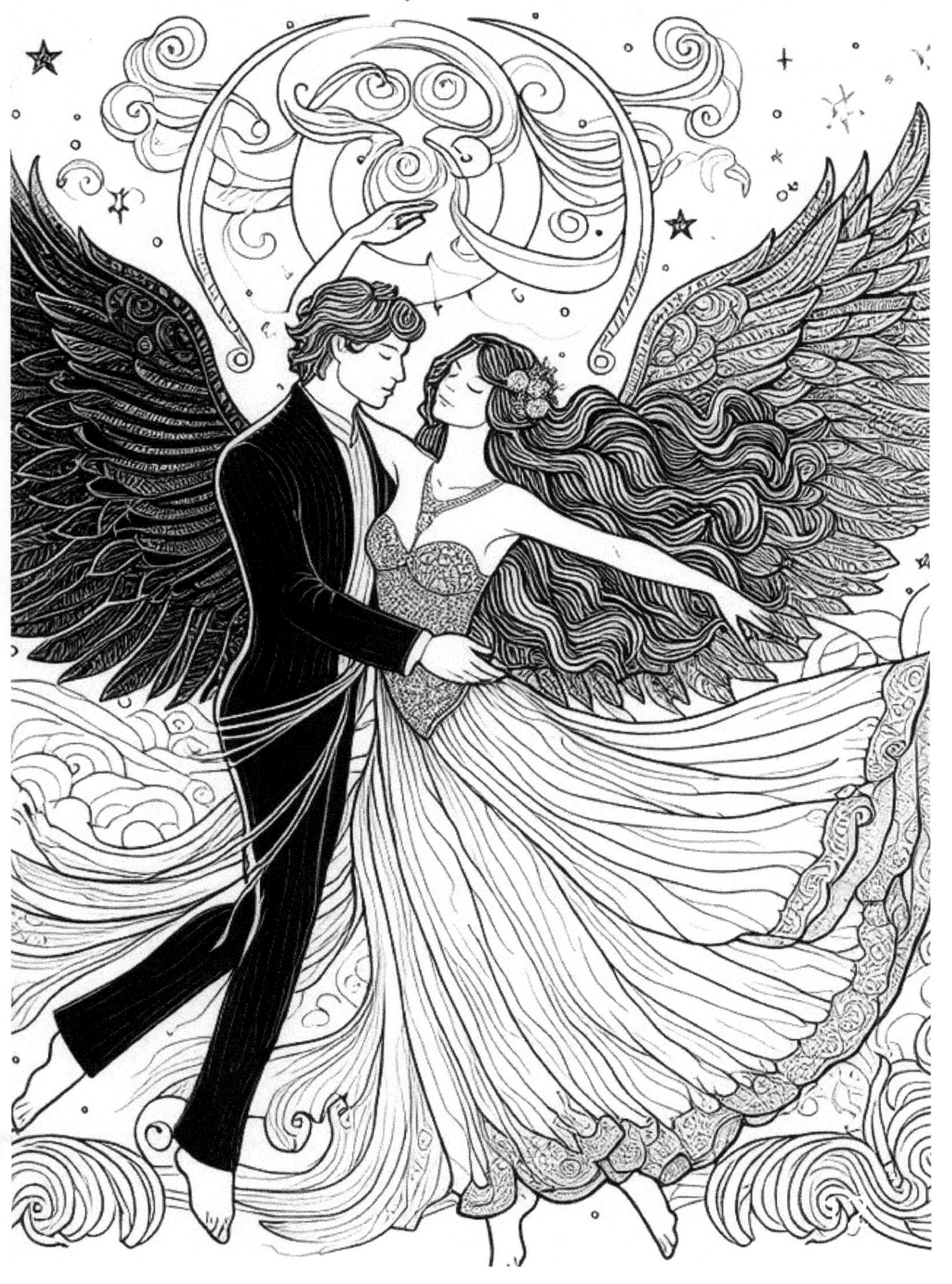

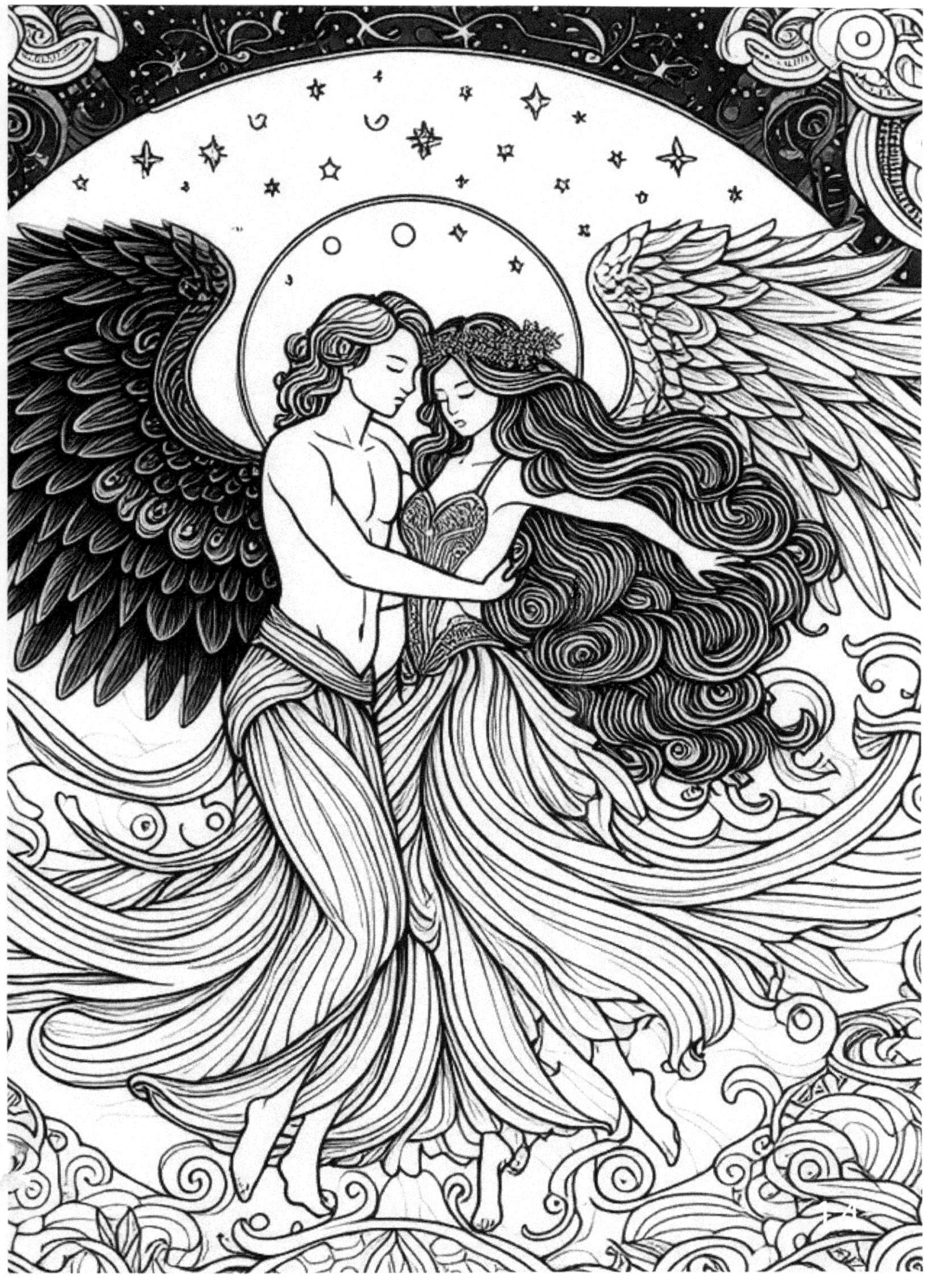

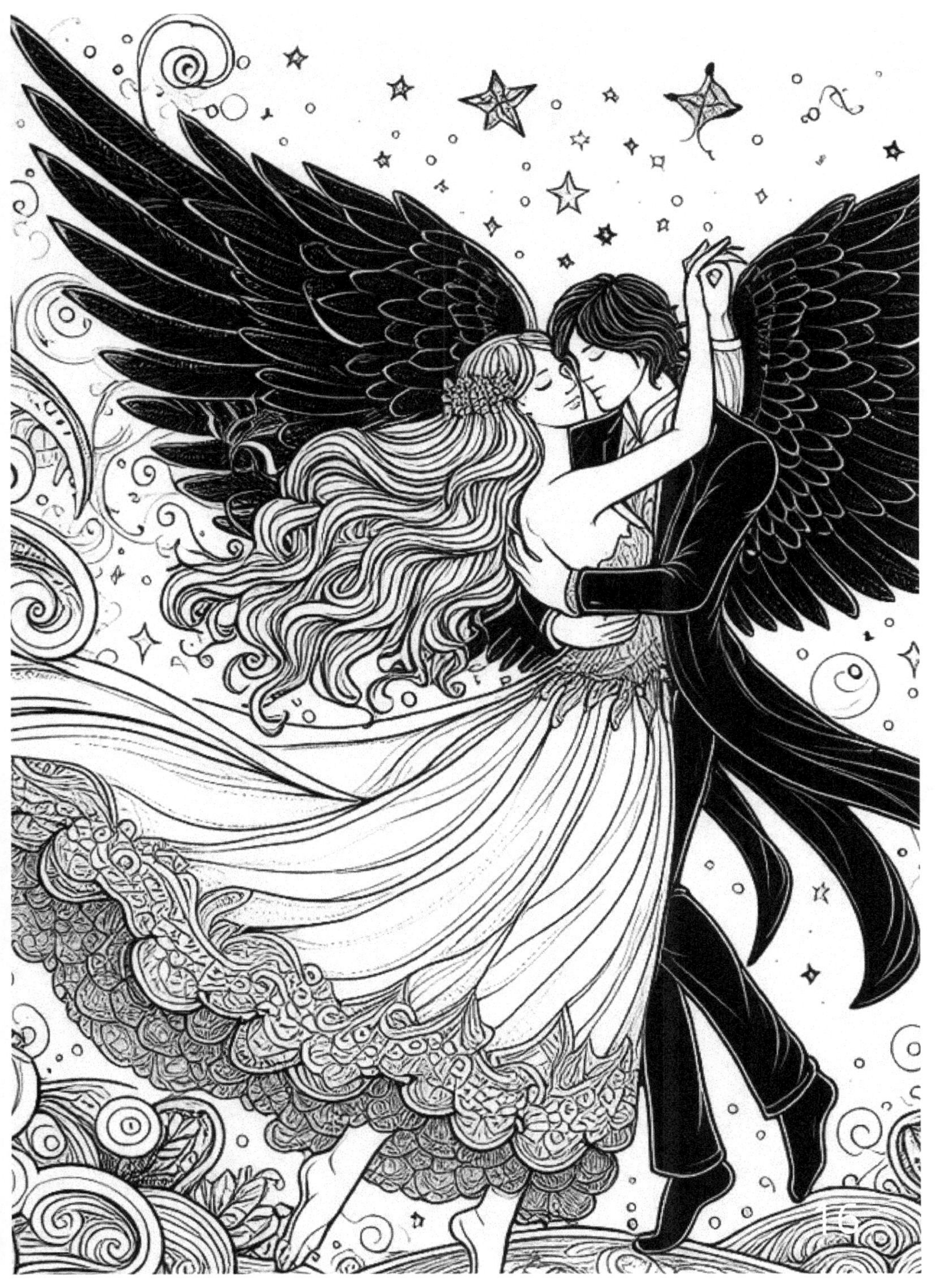

16

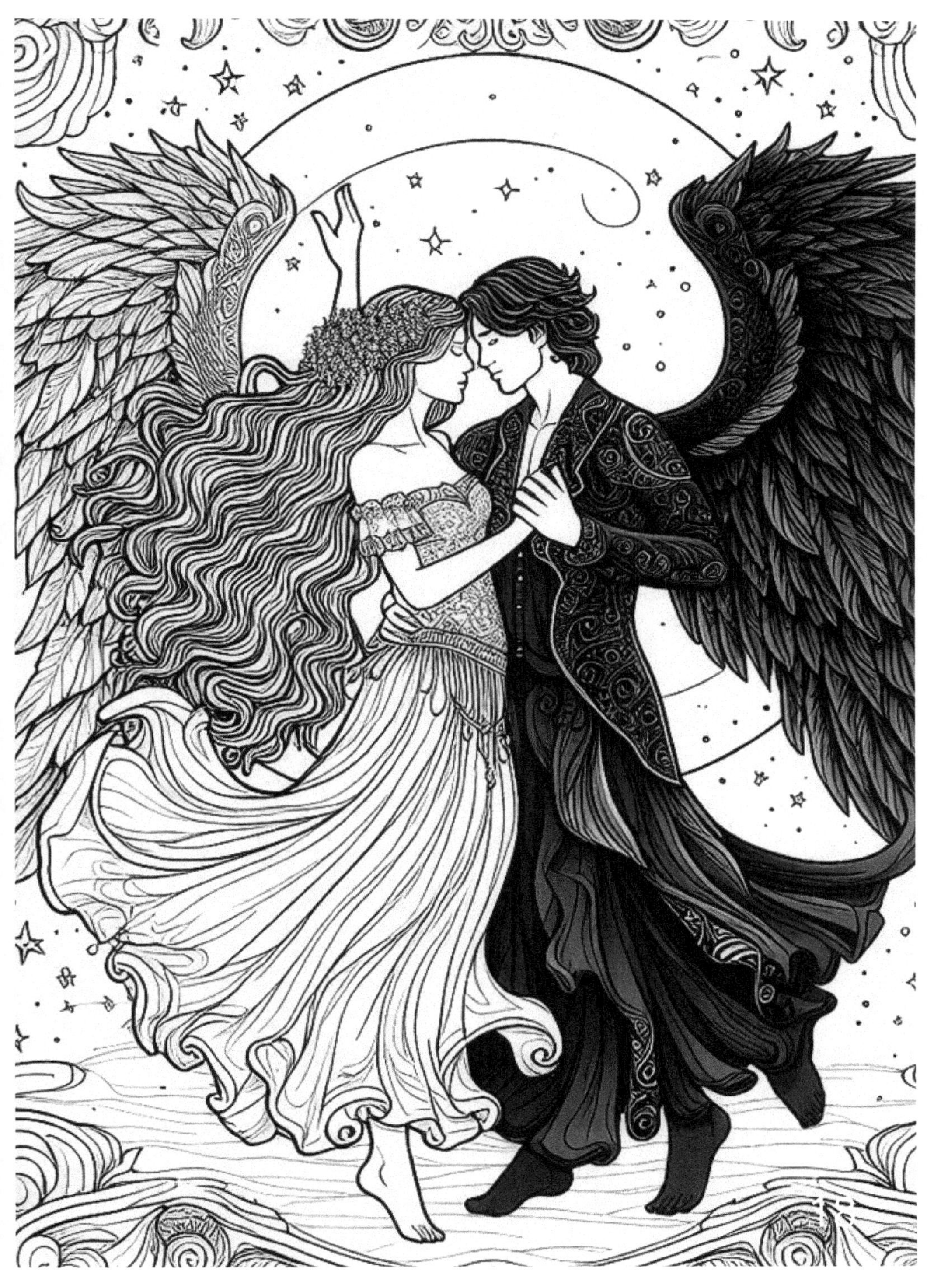

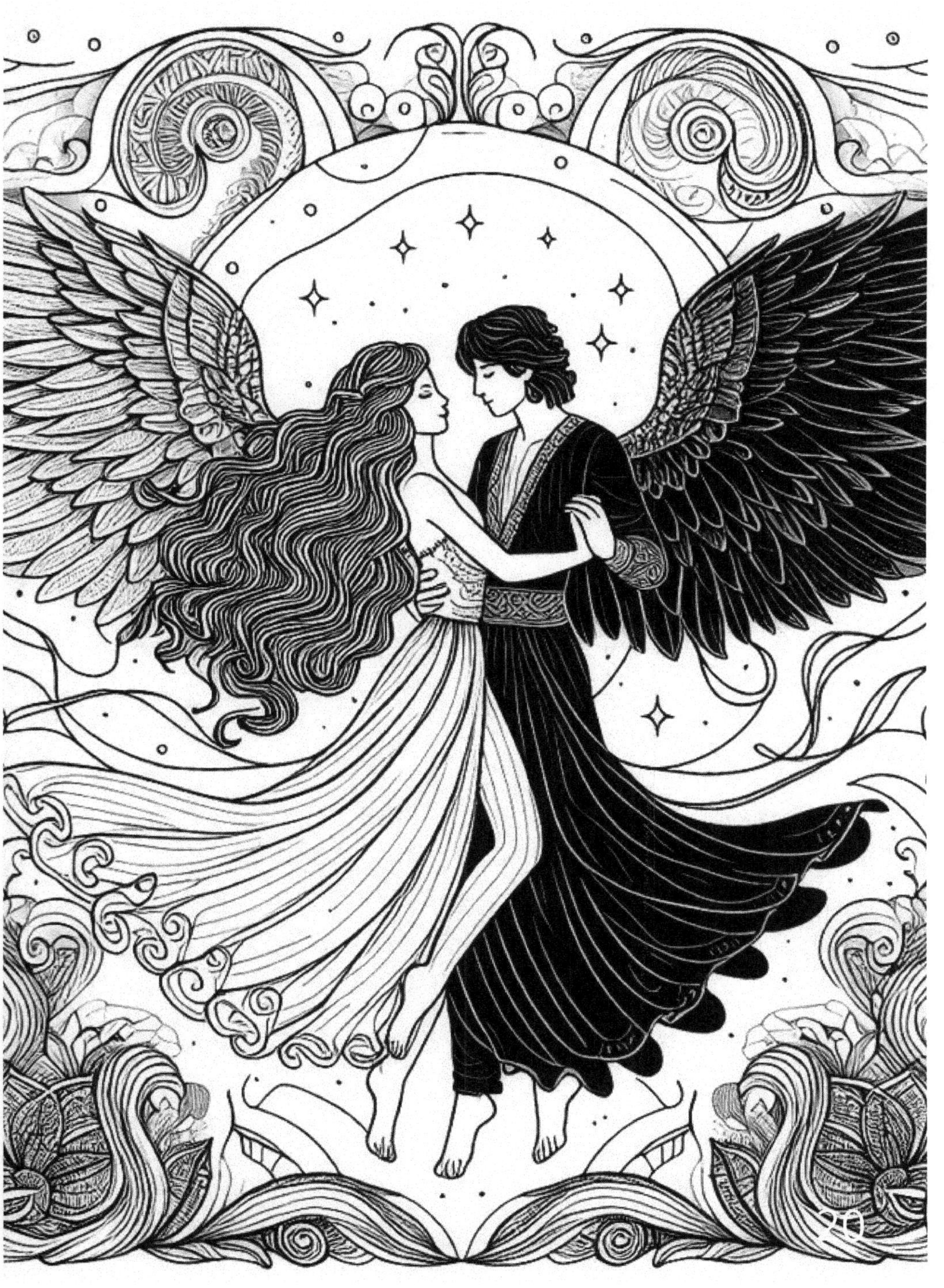

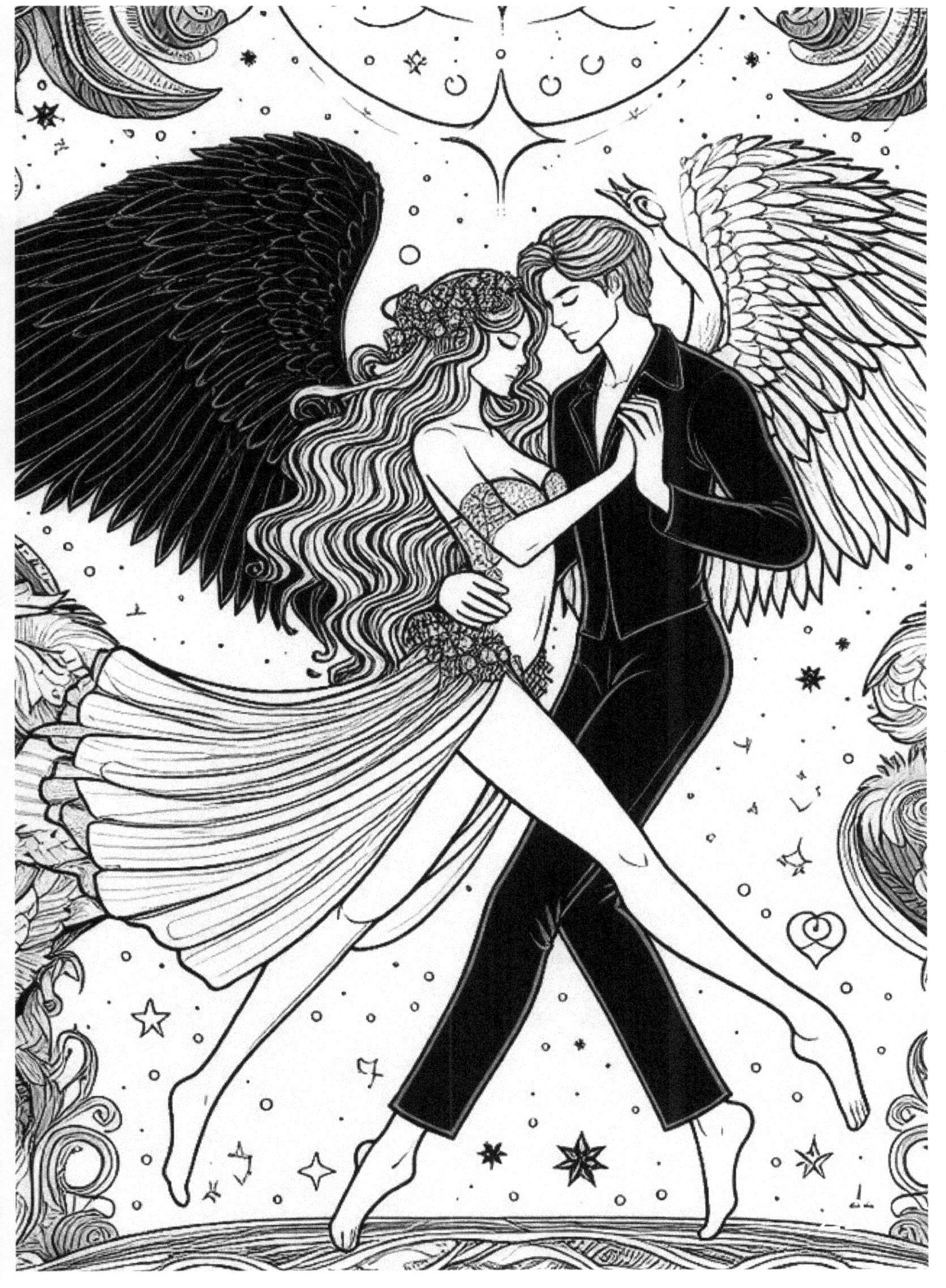

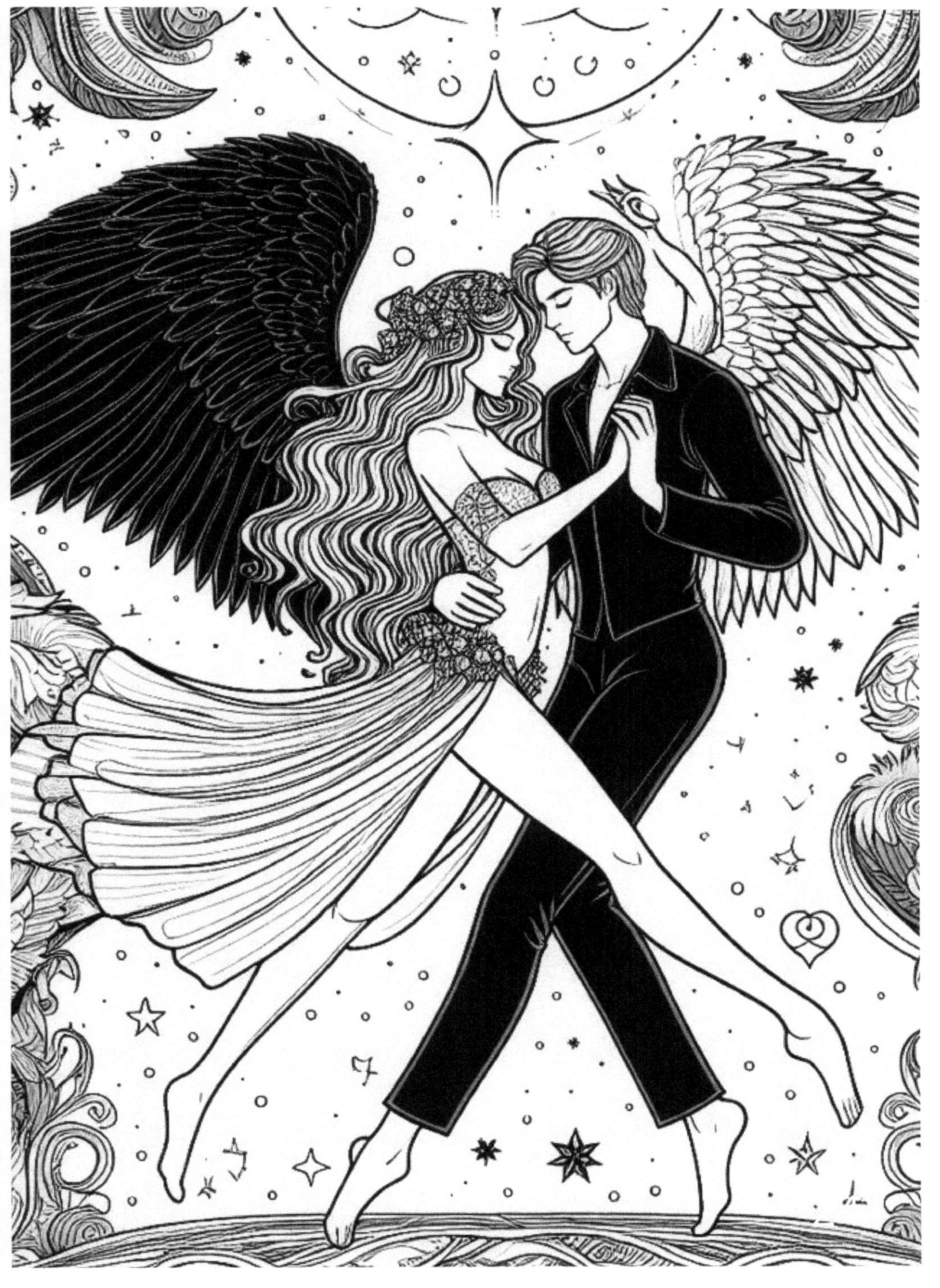

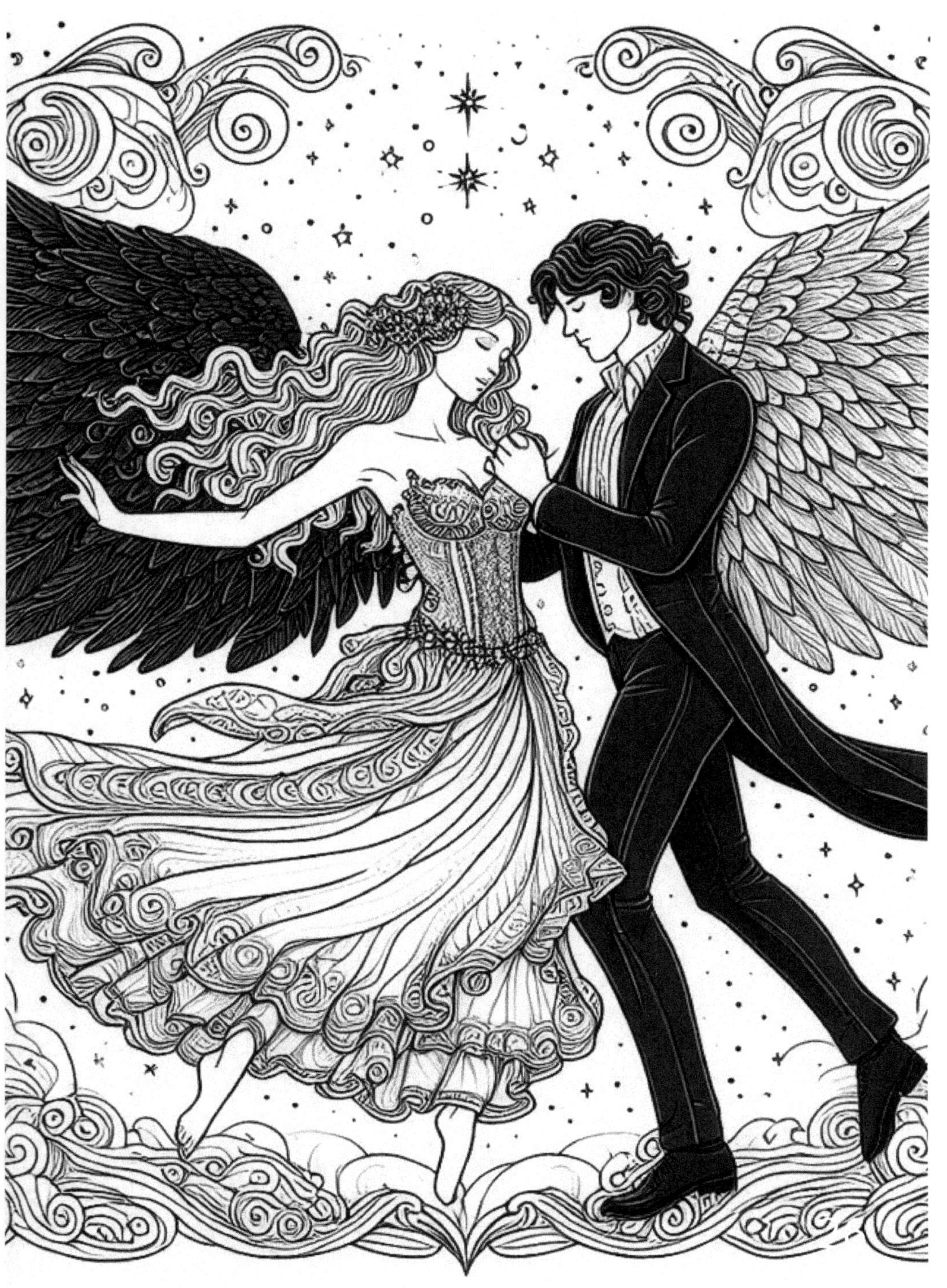

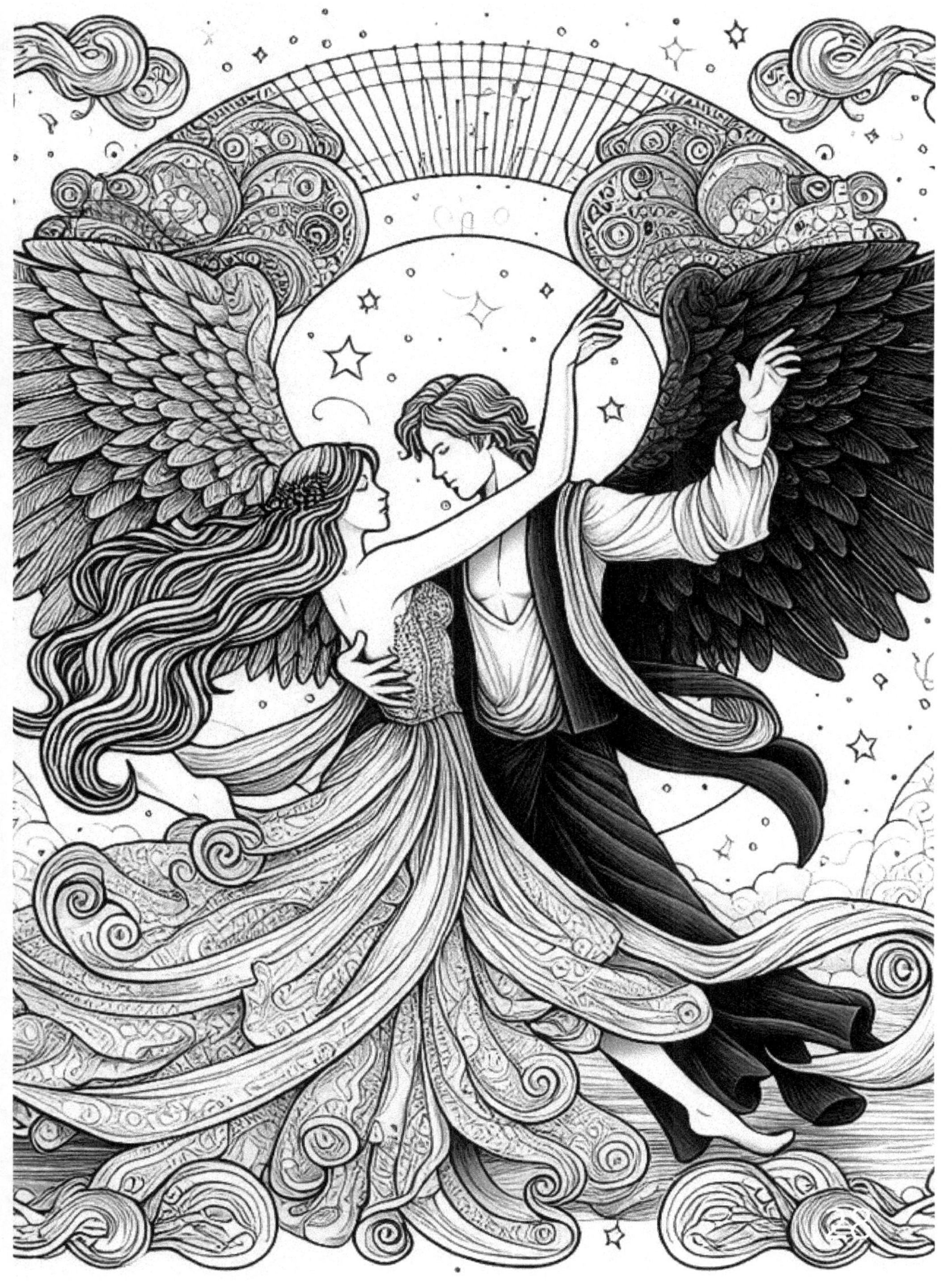

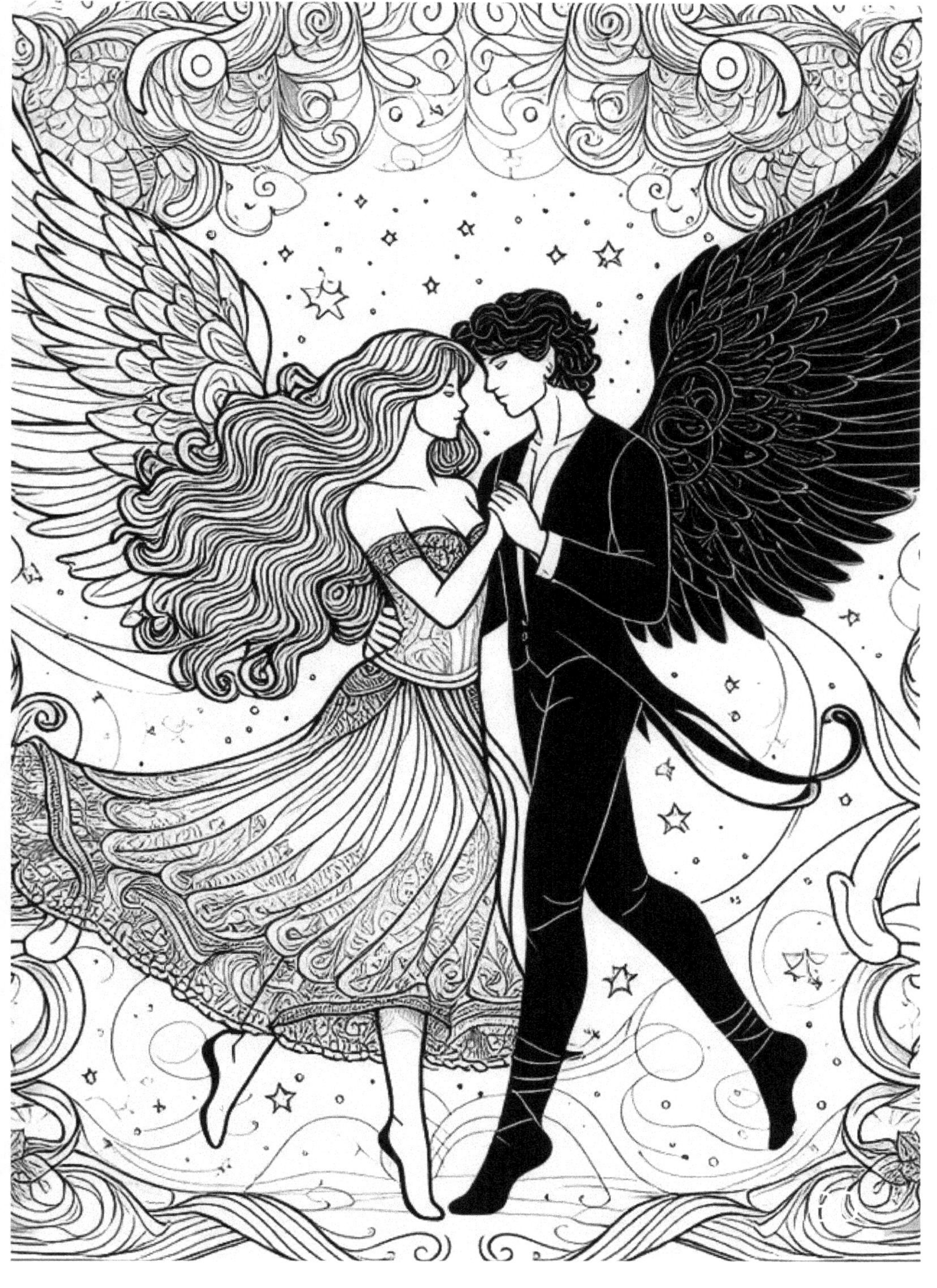

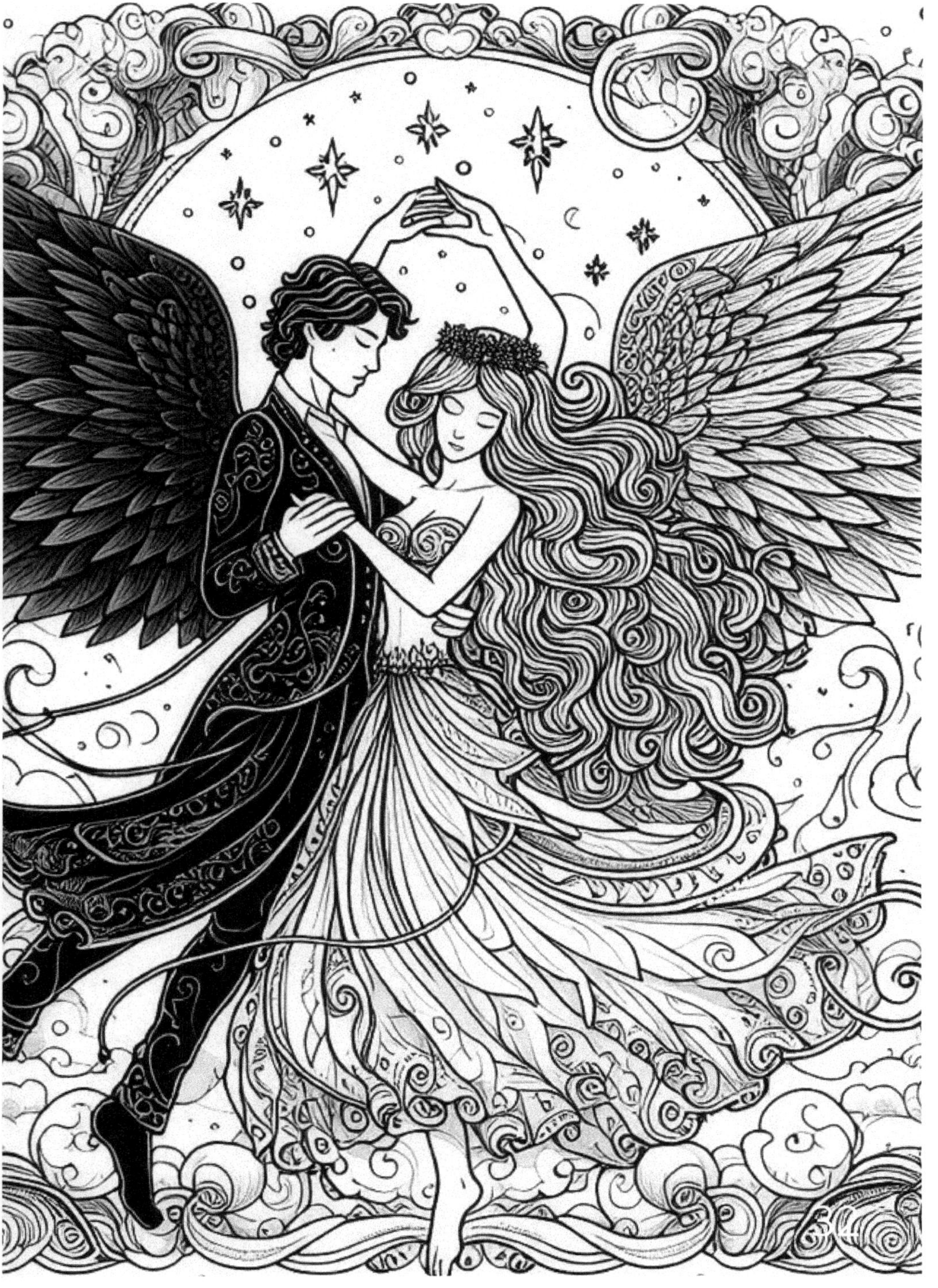

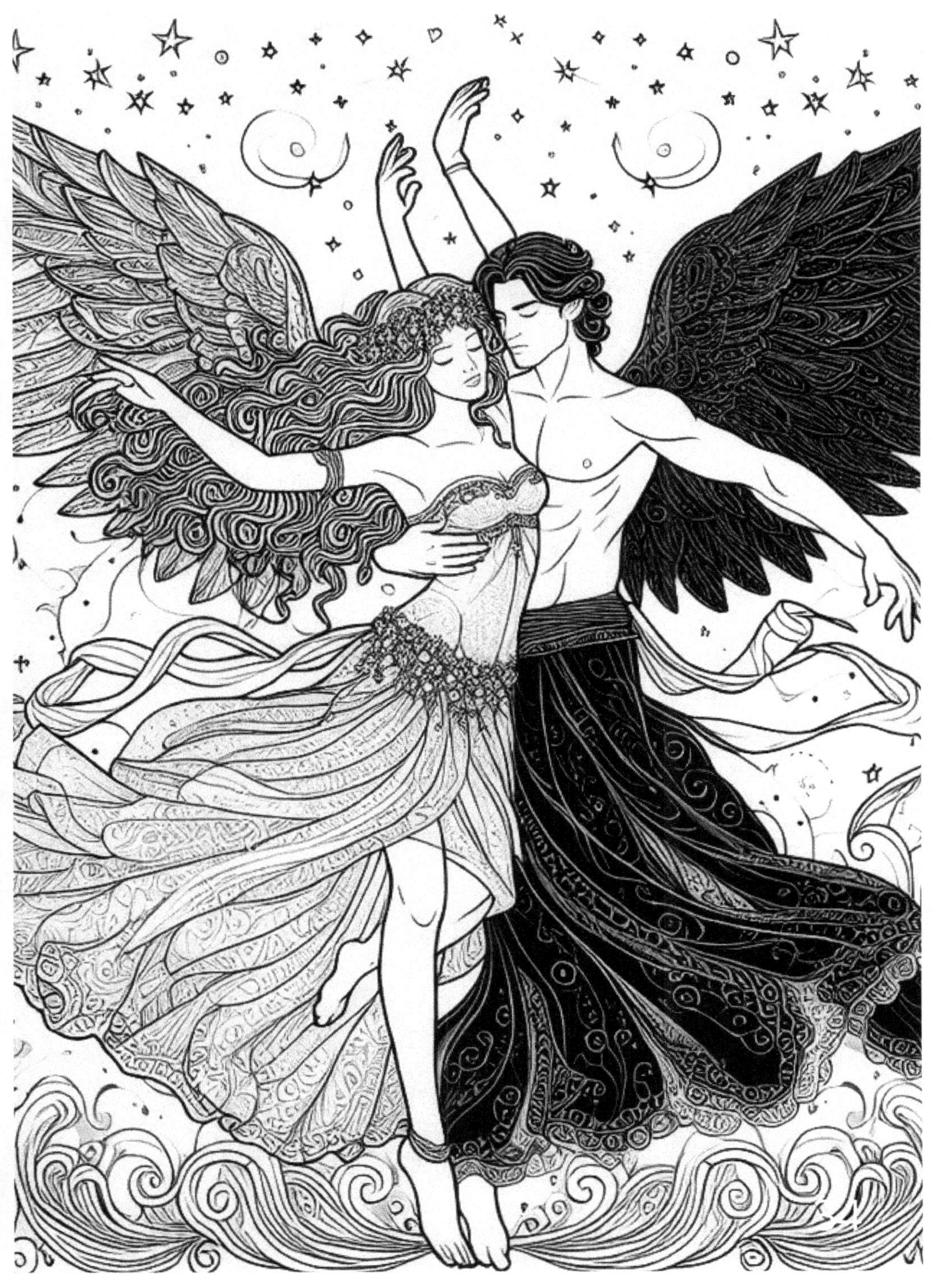

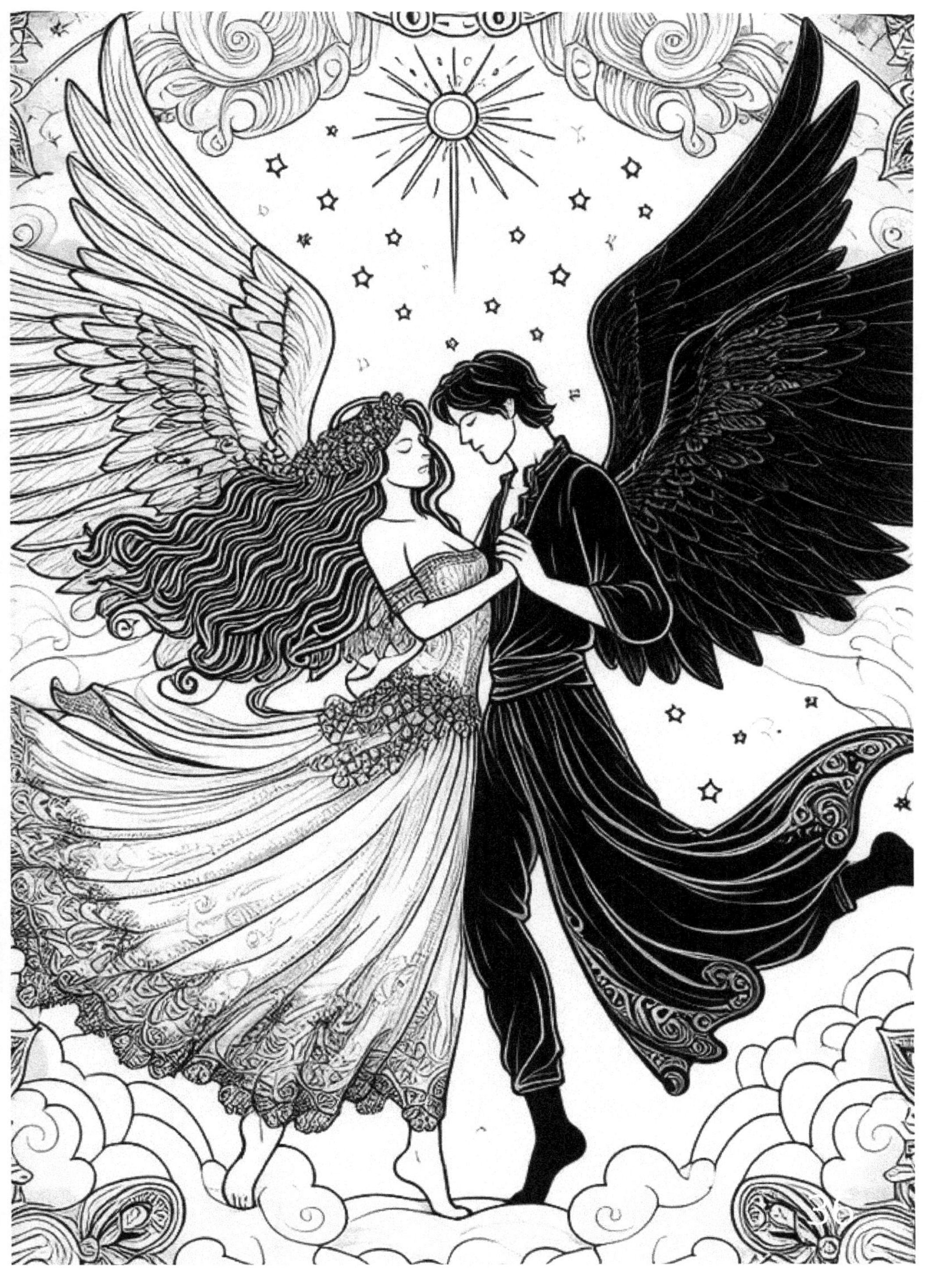

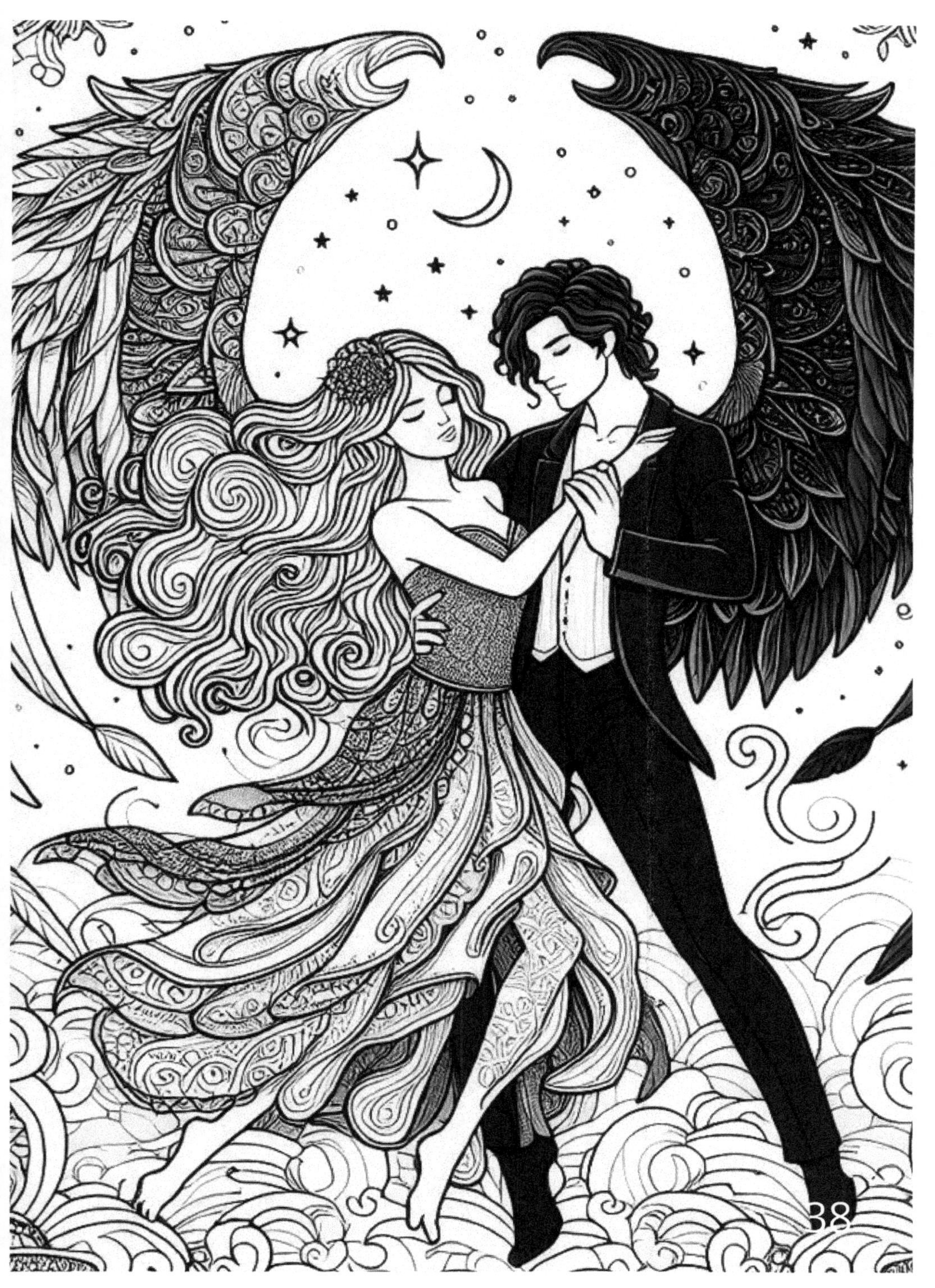

38

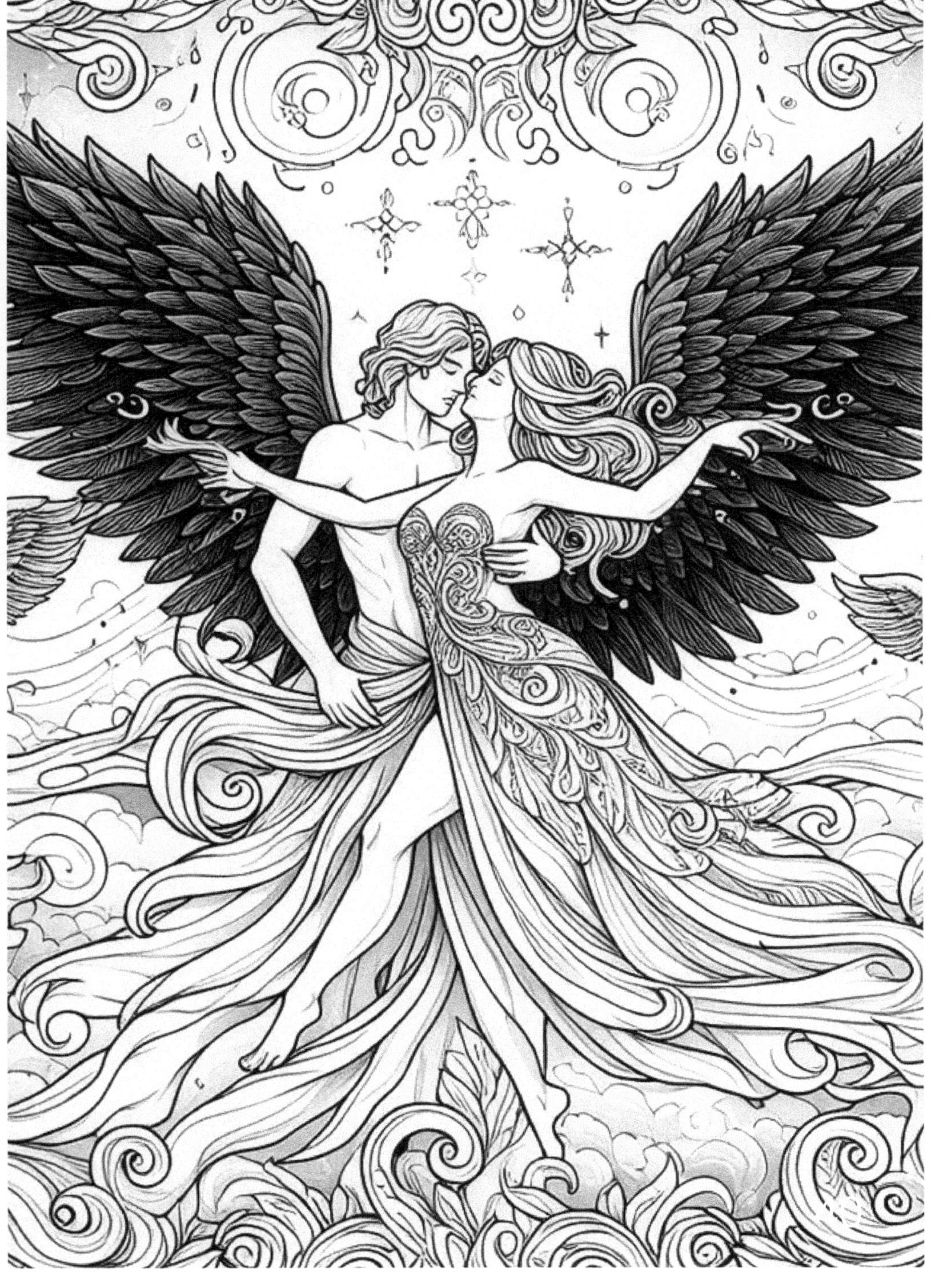

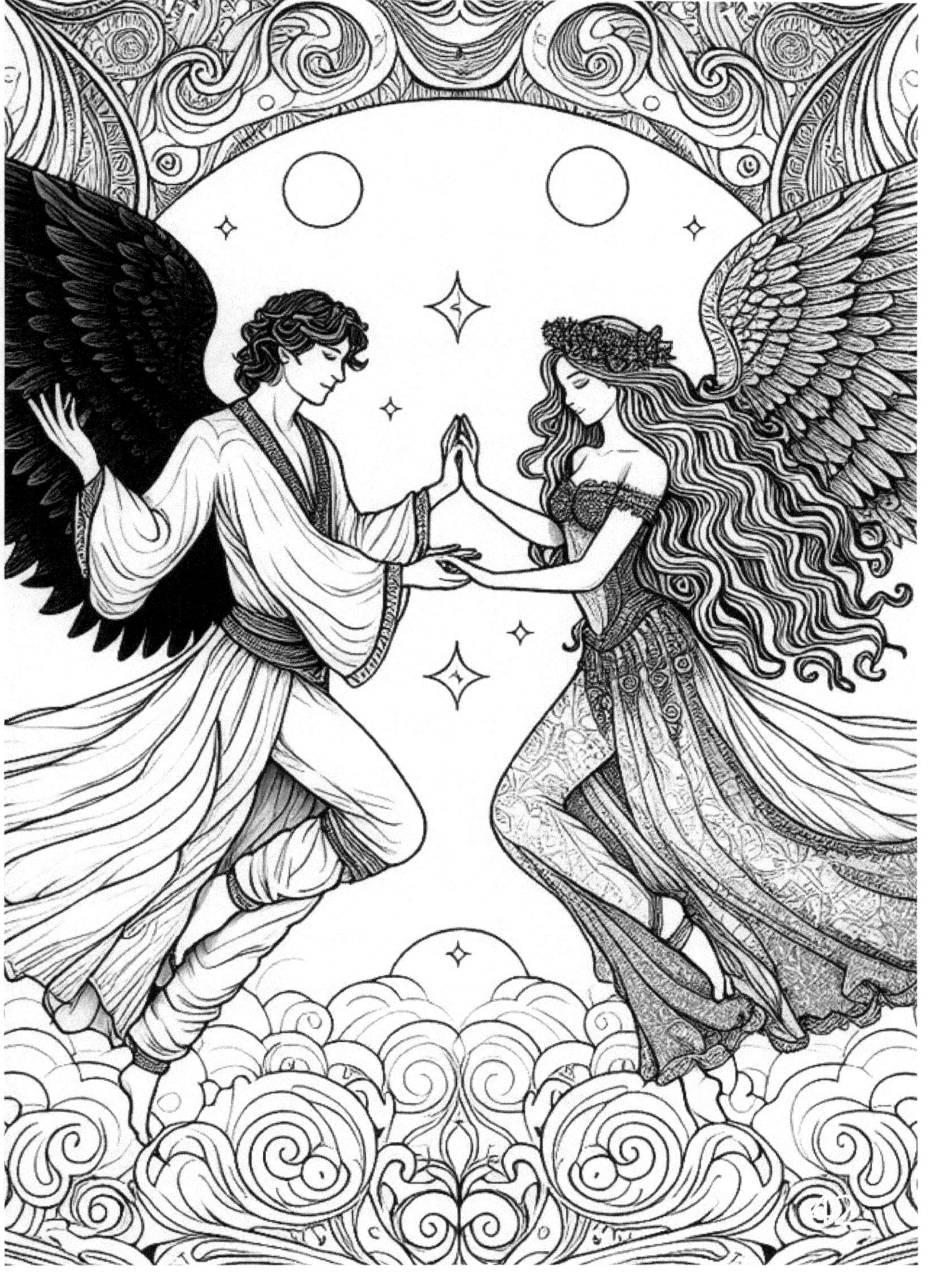

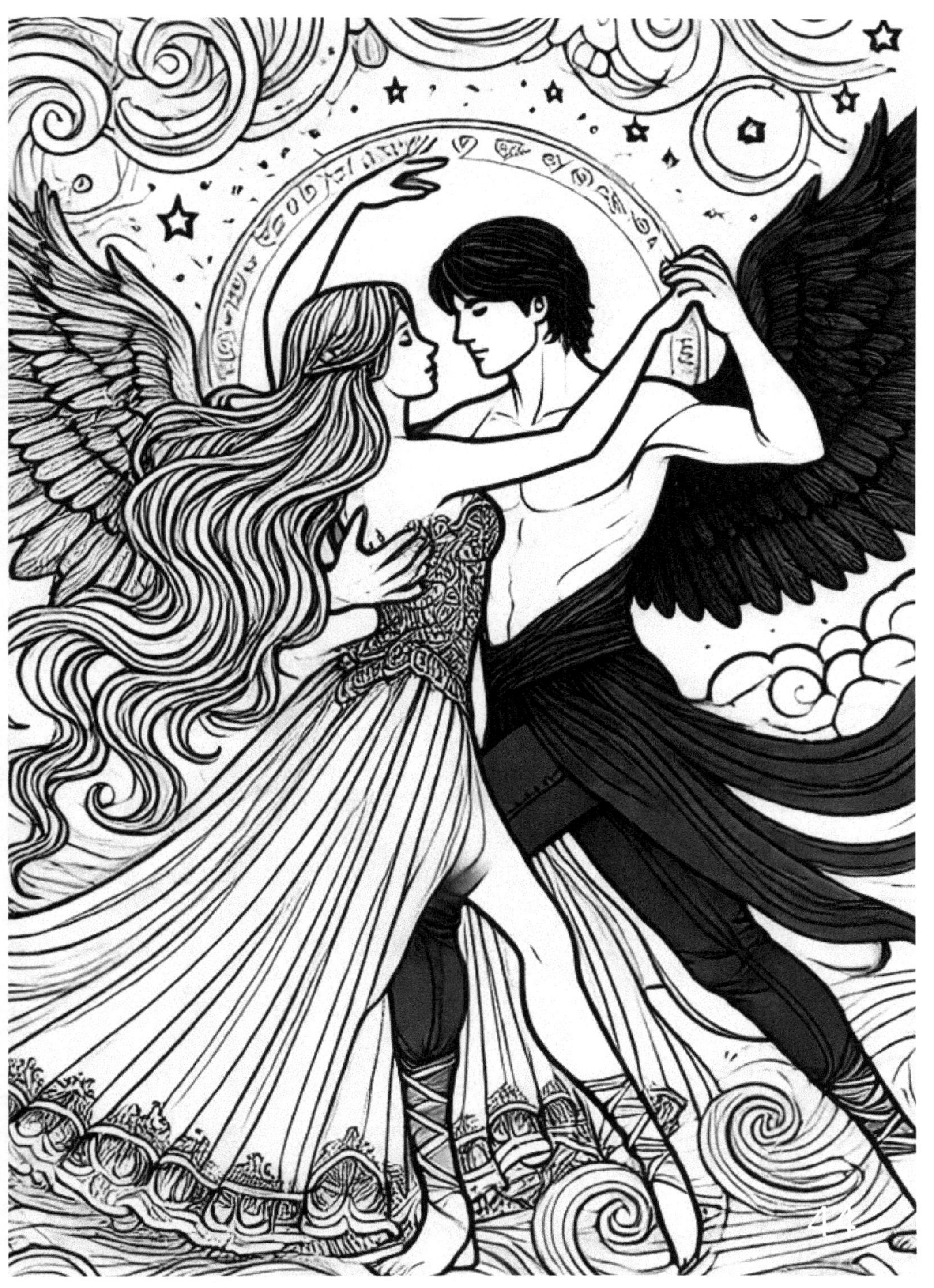

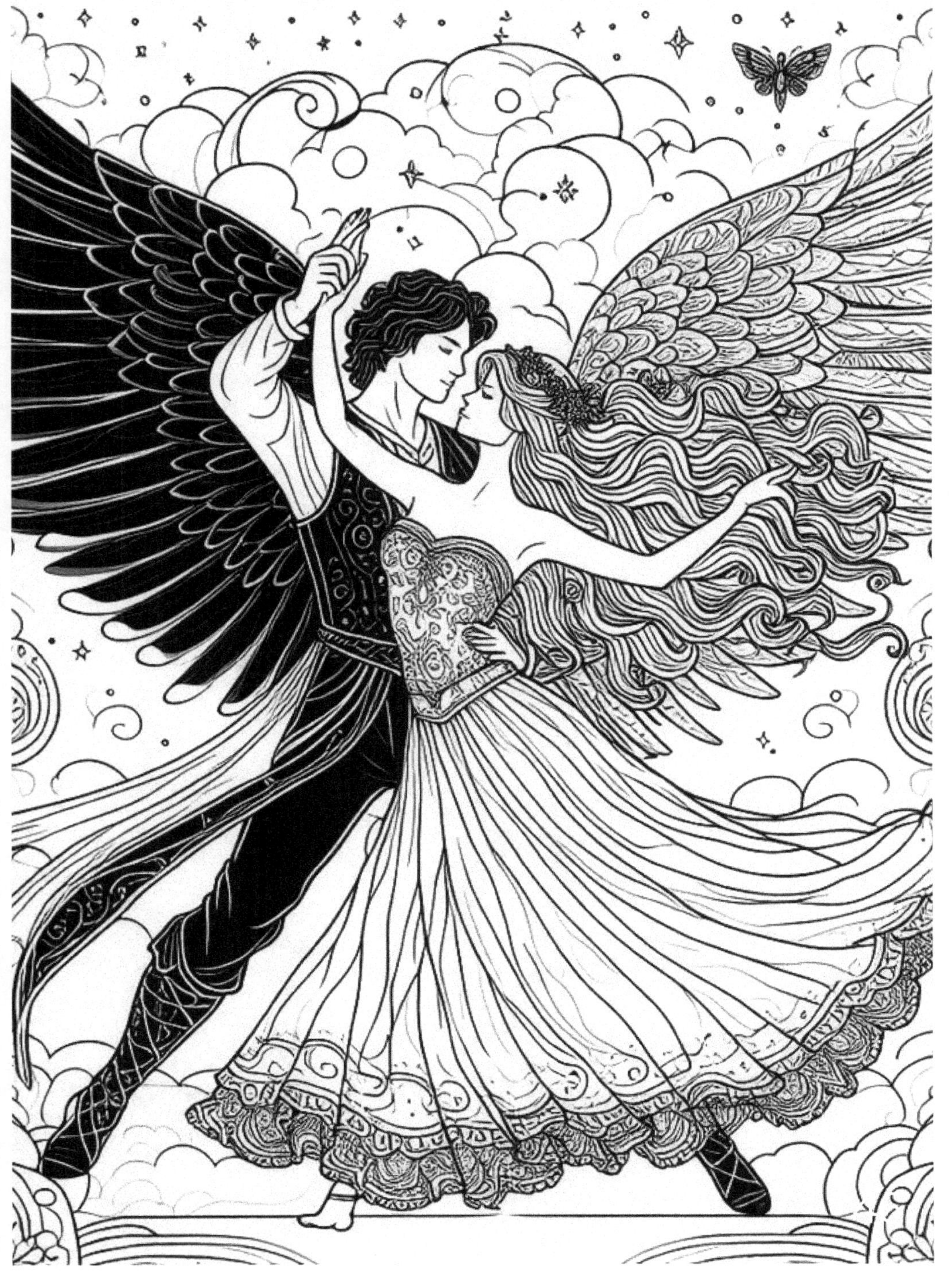

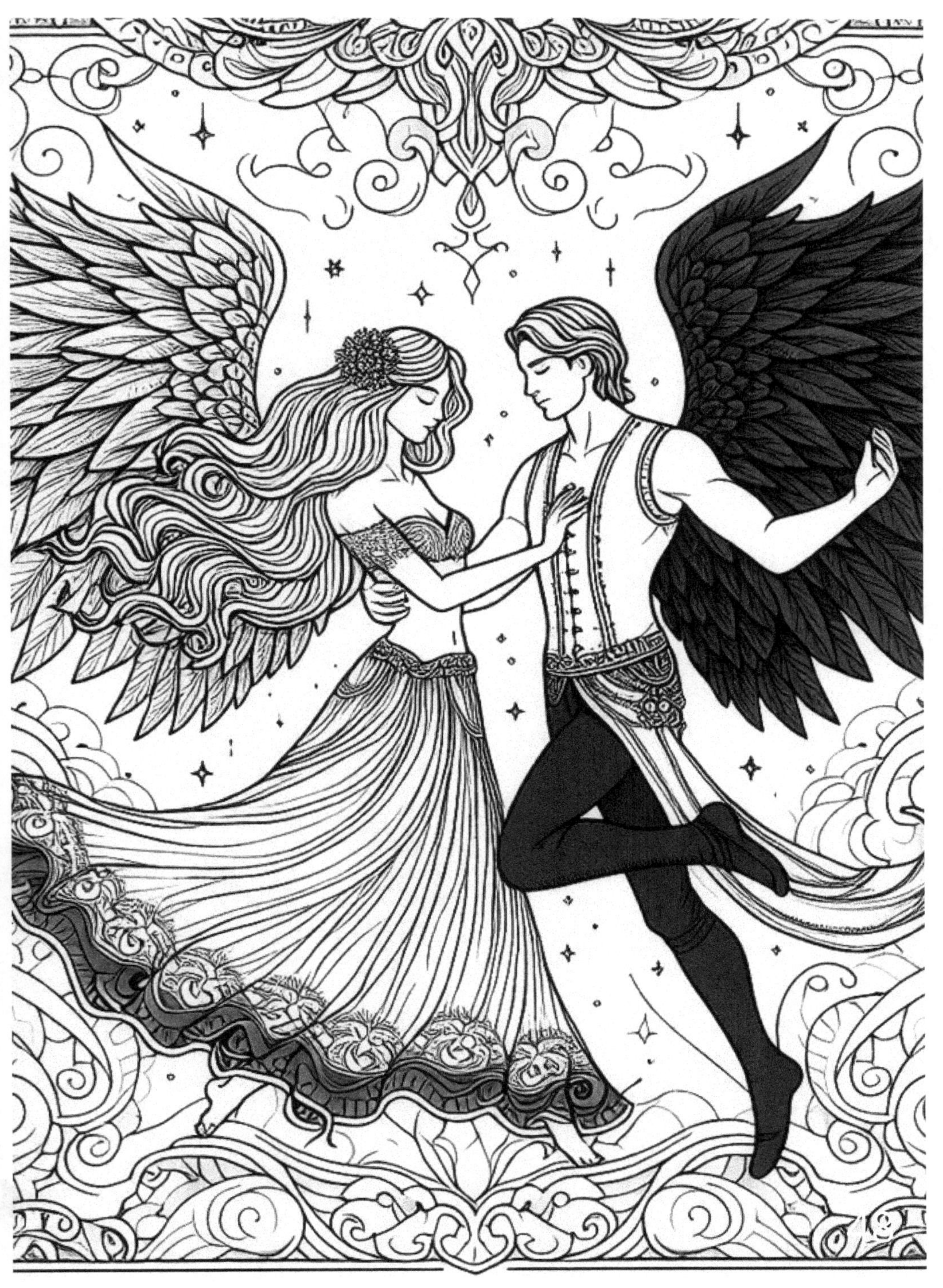

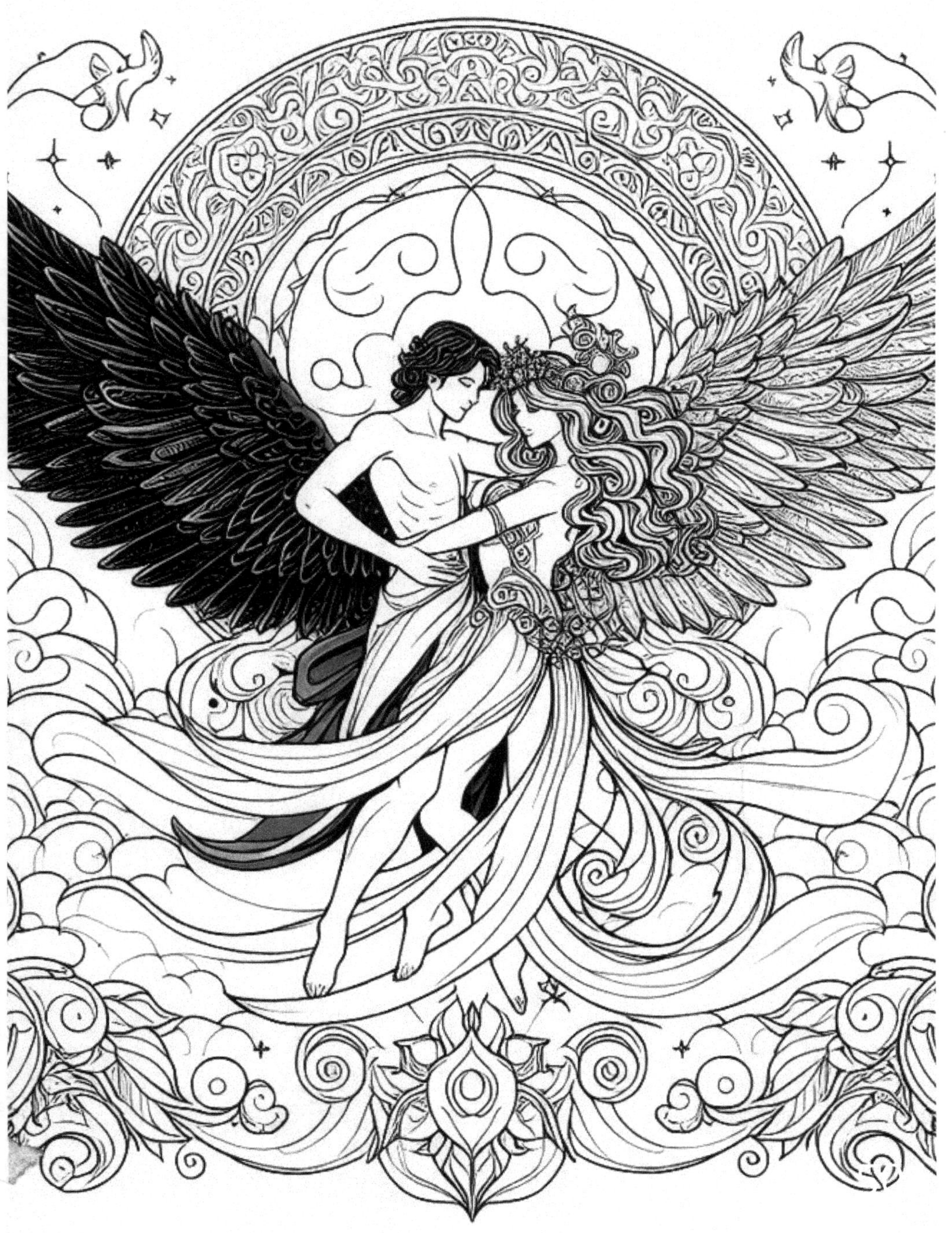

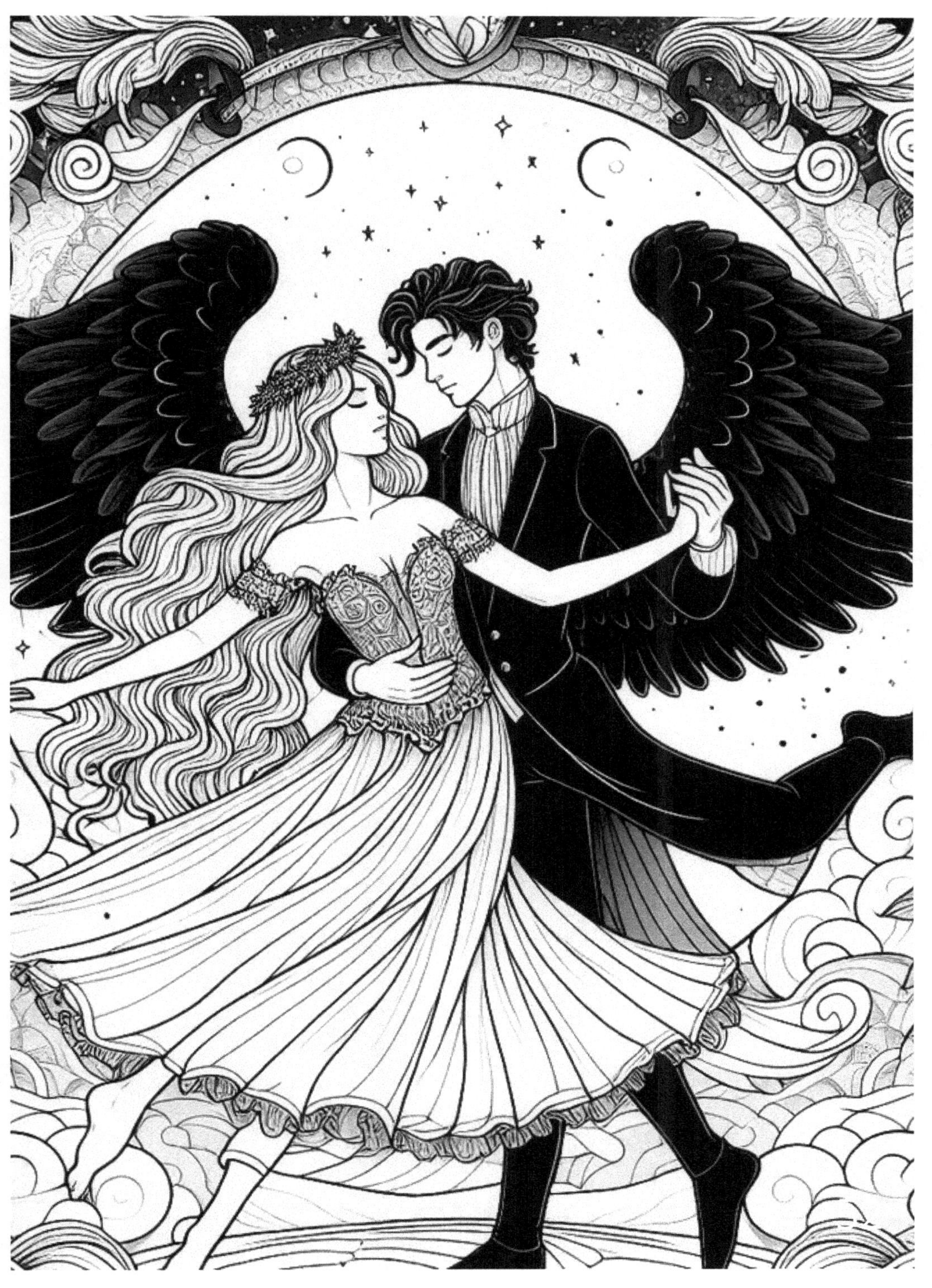

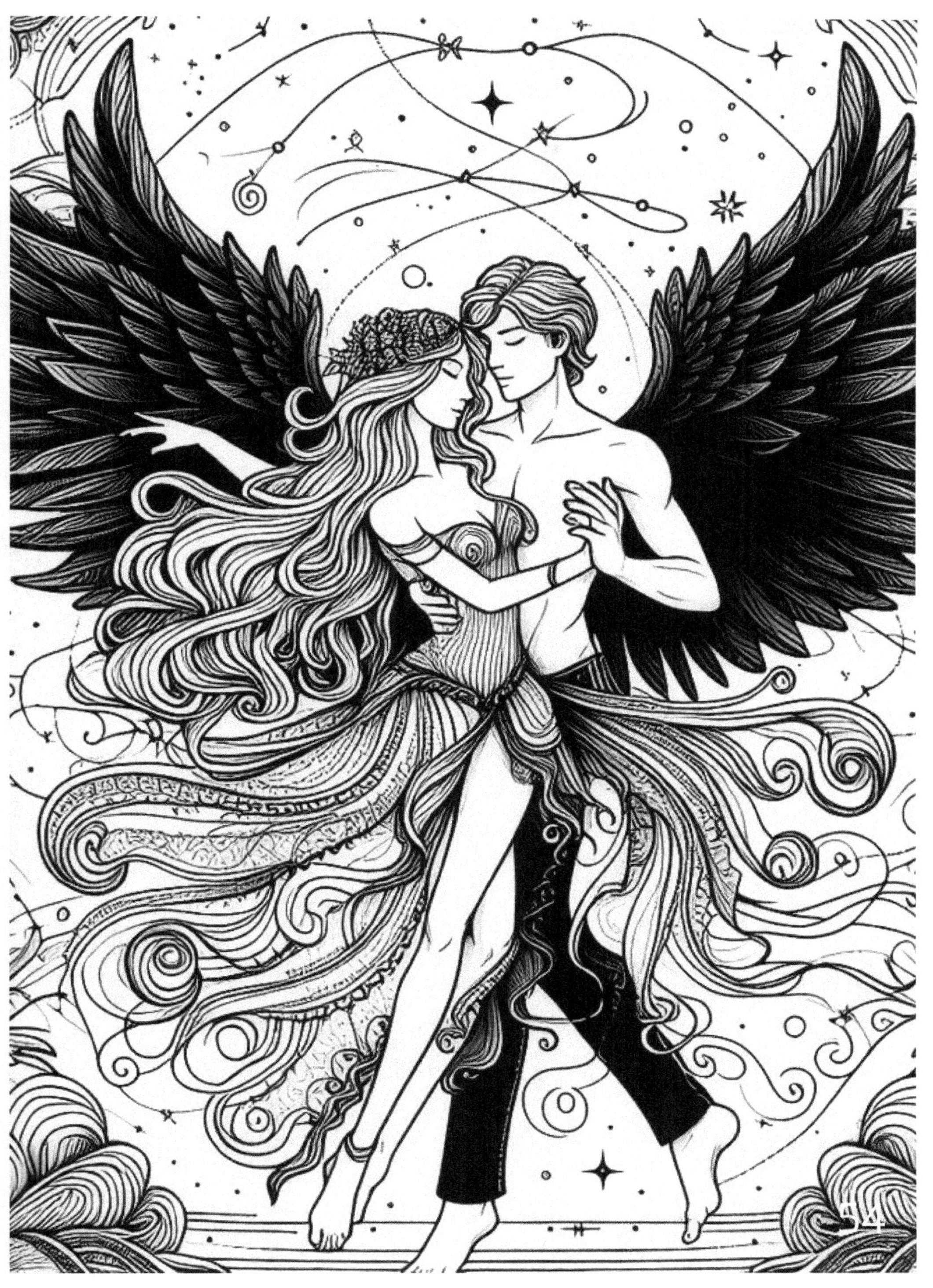

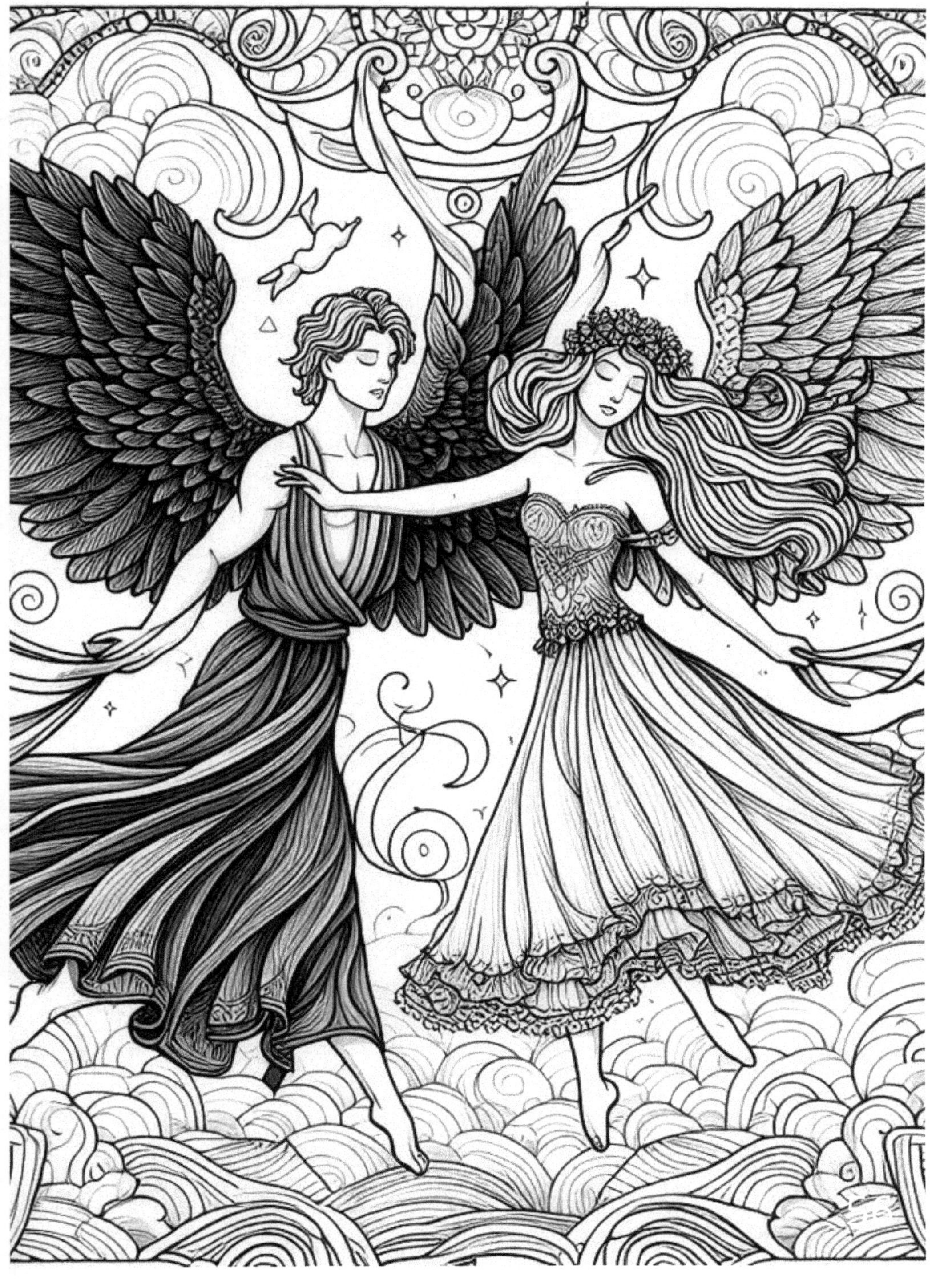

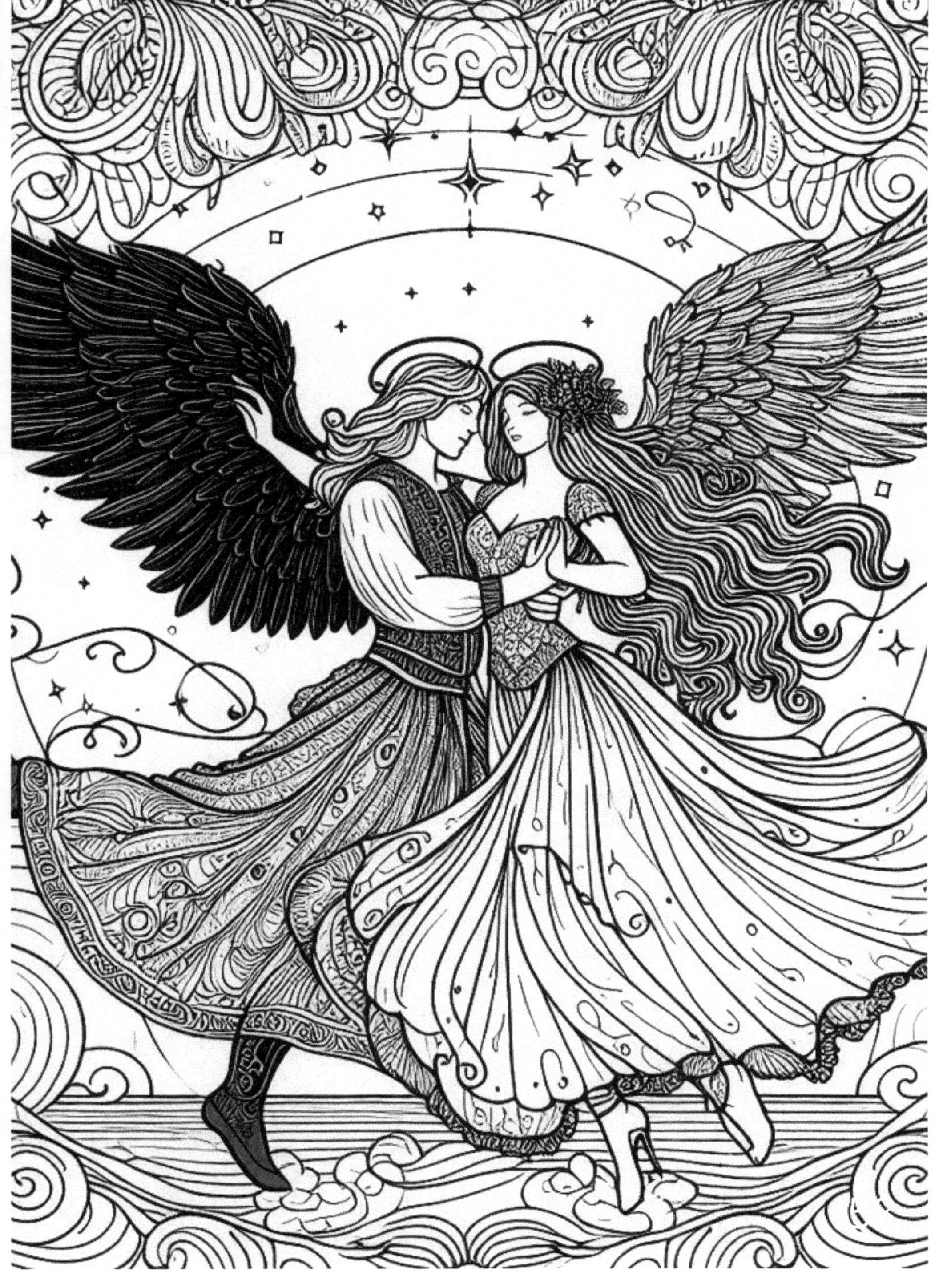

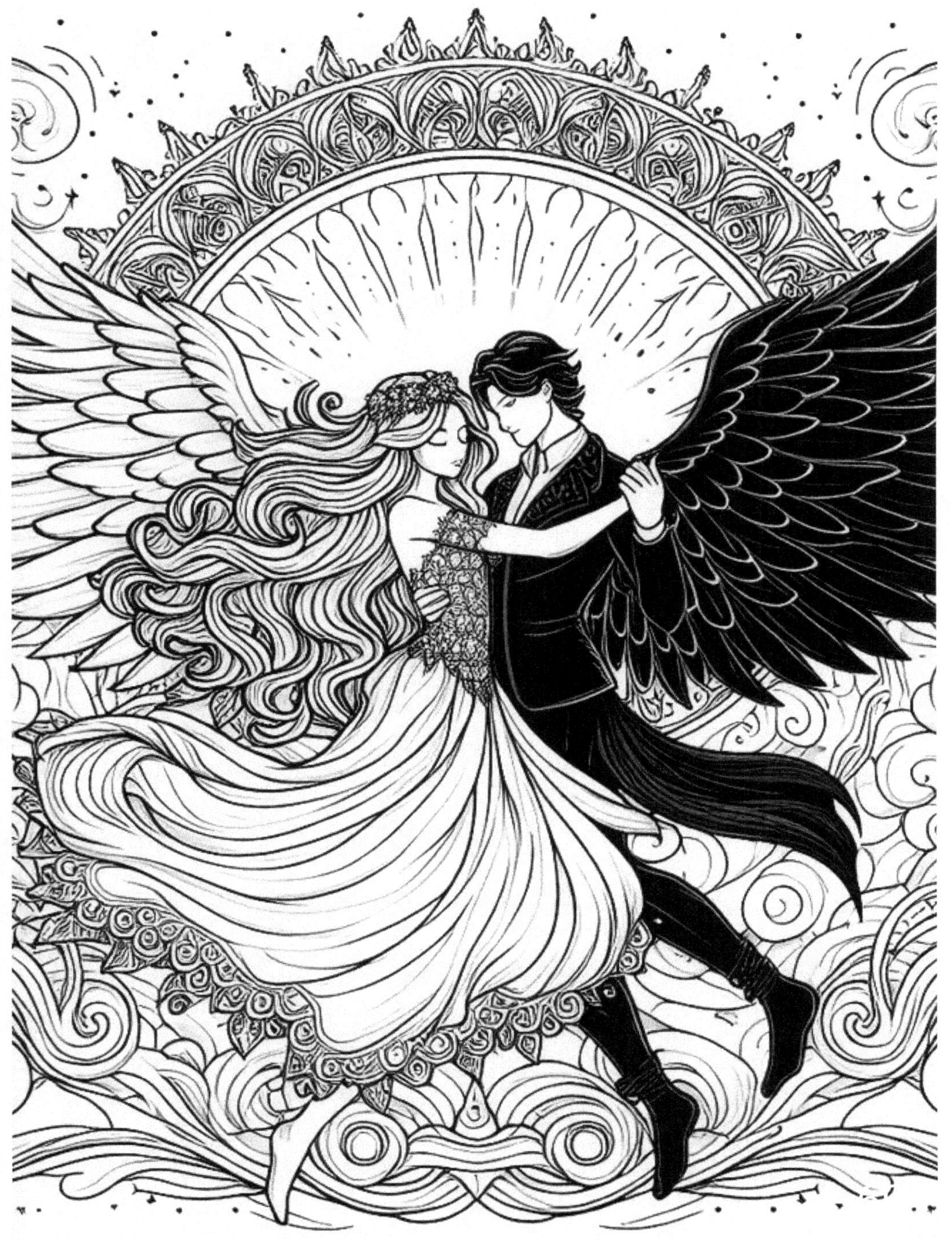

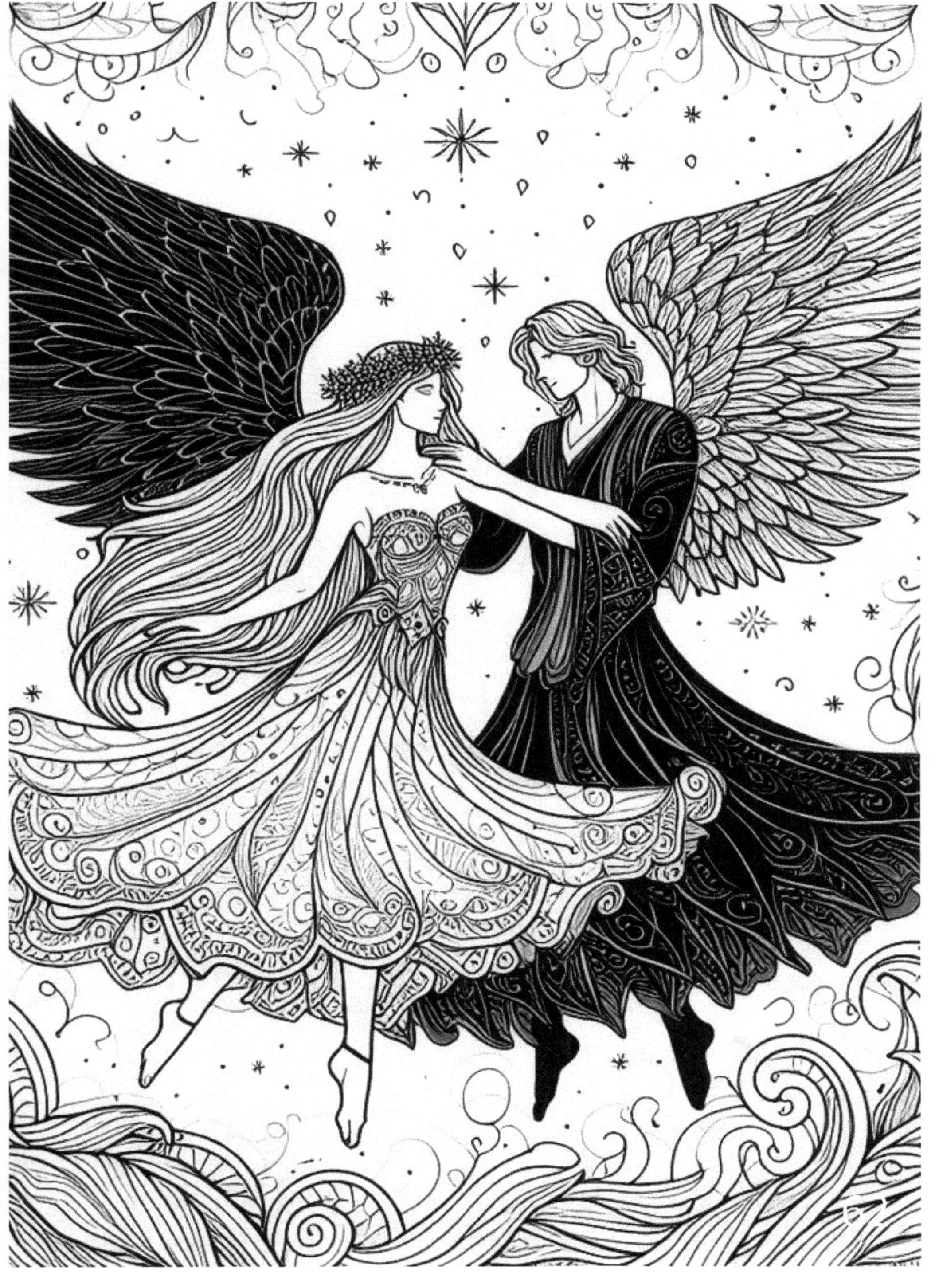

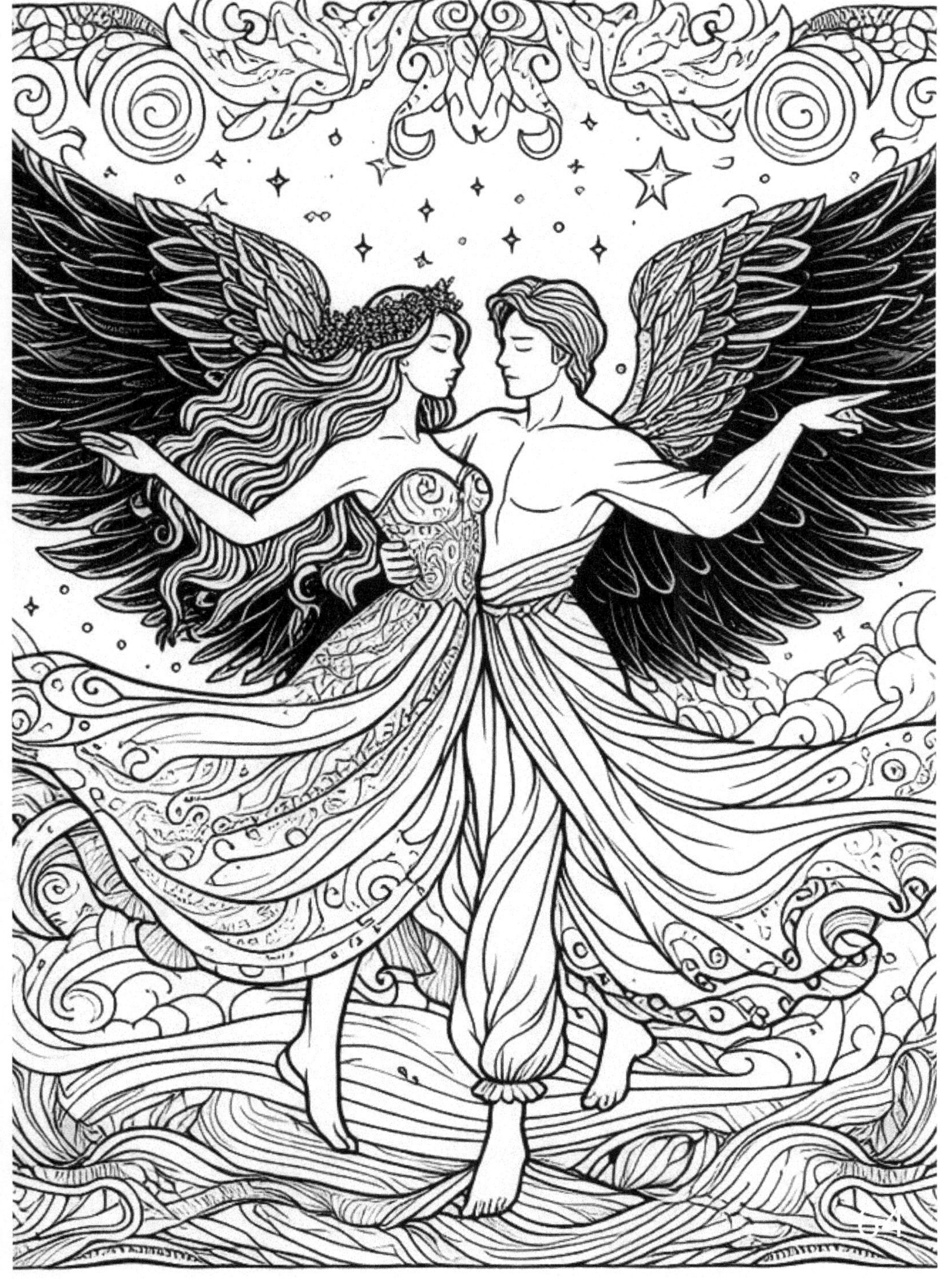

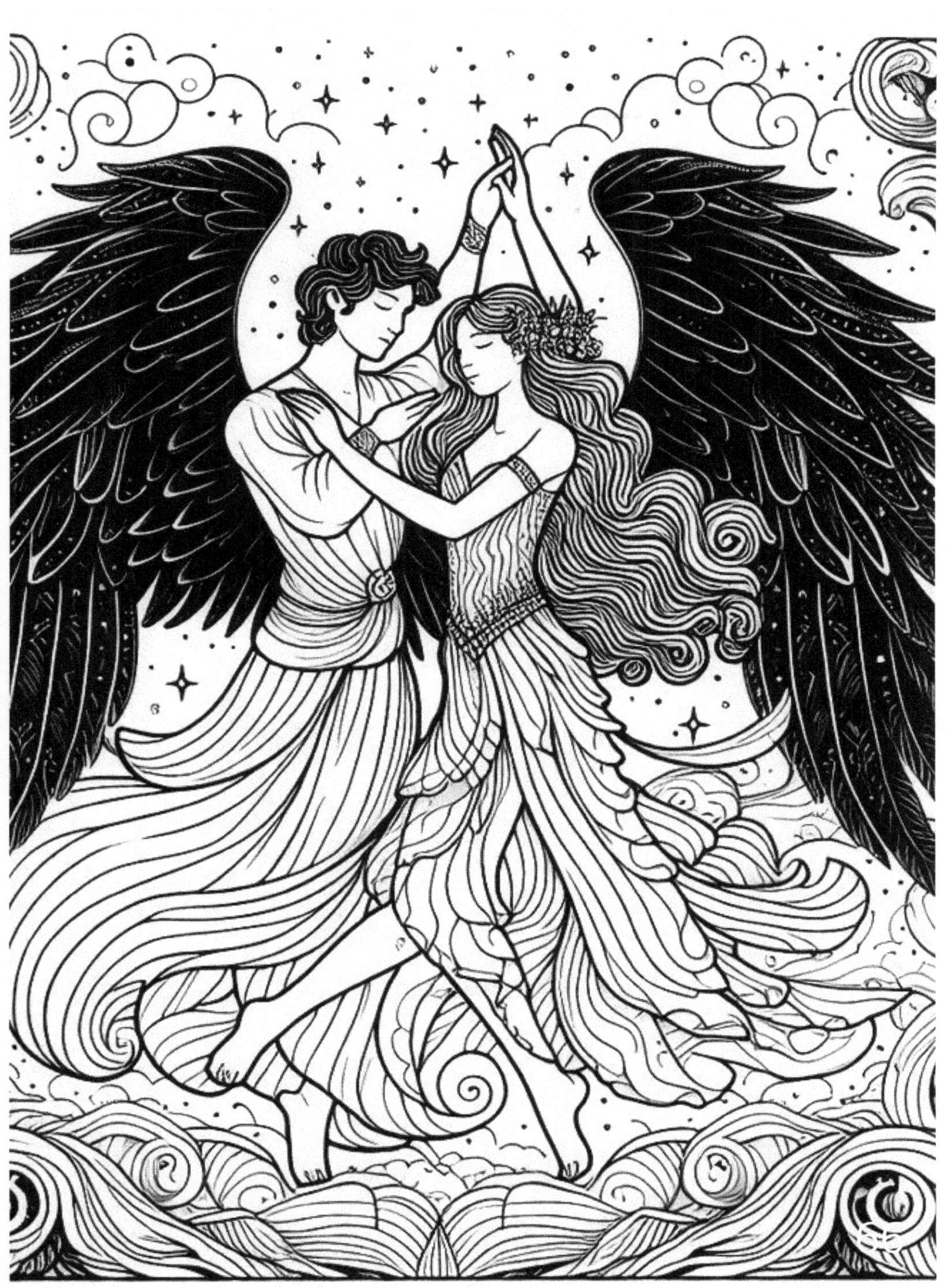

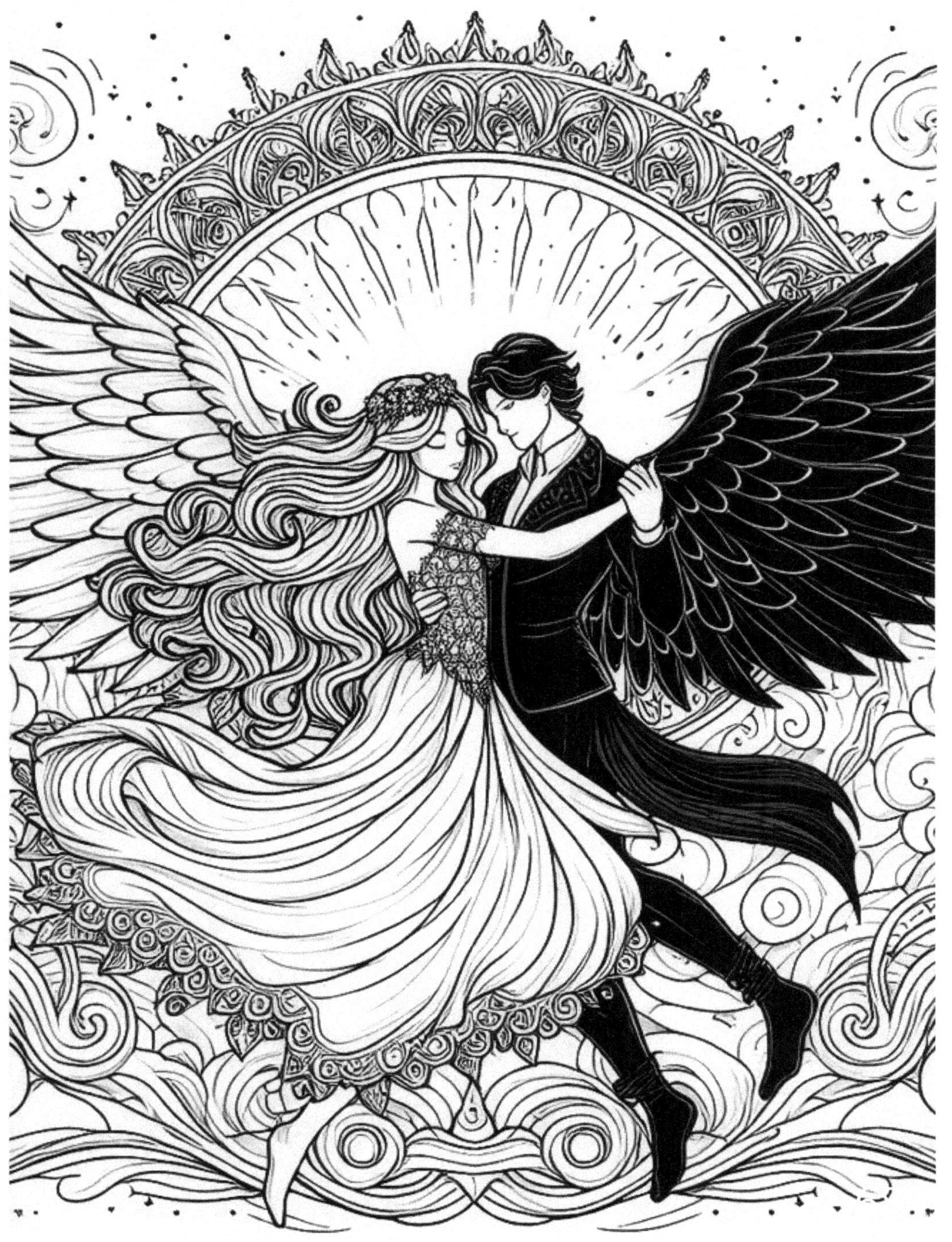

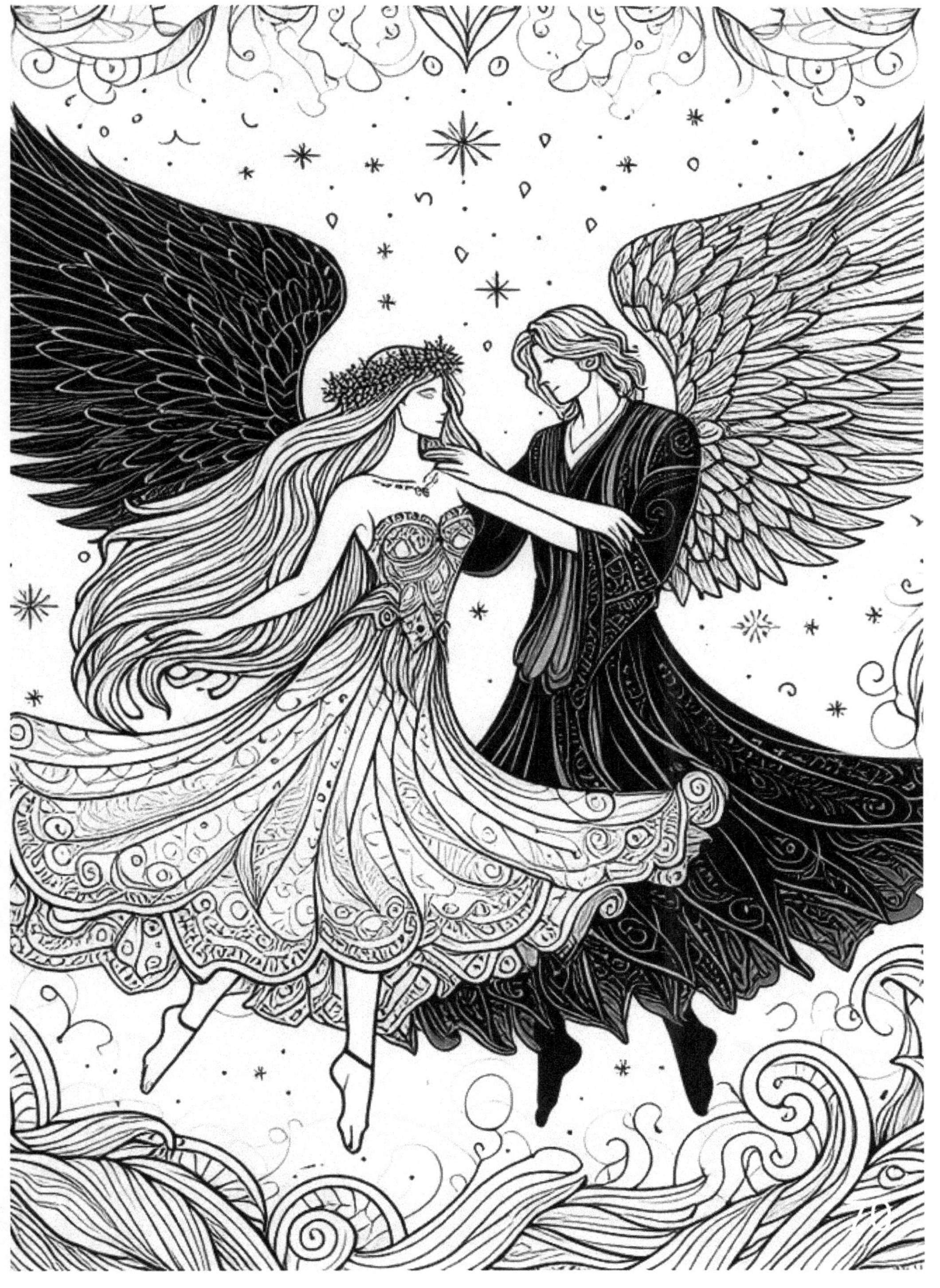

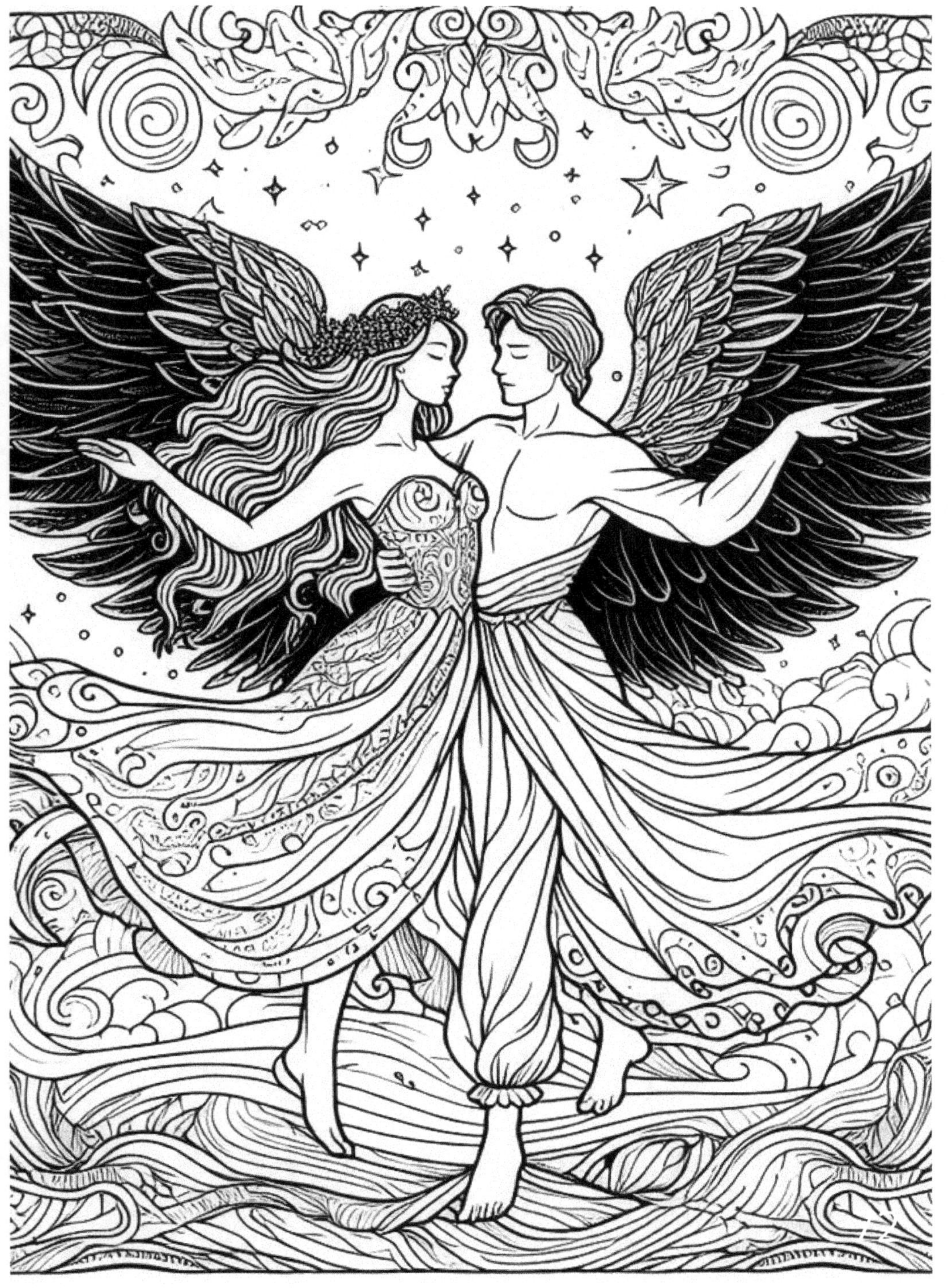

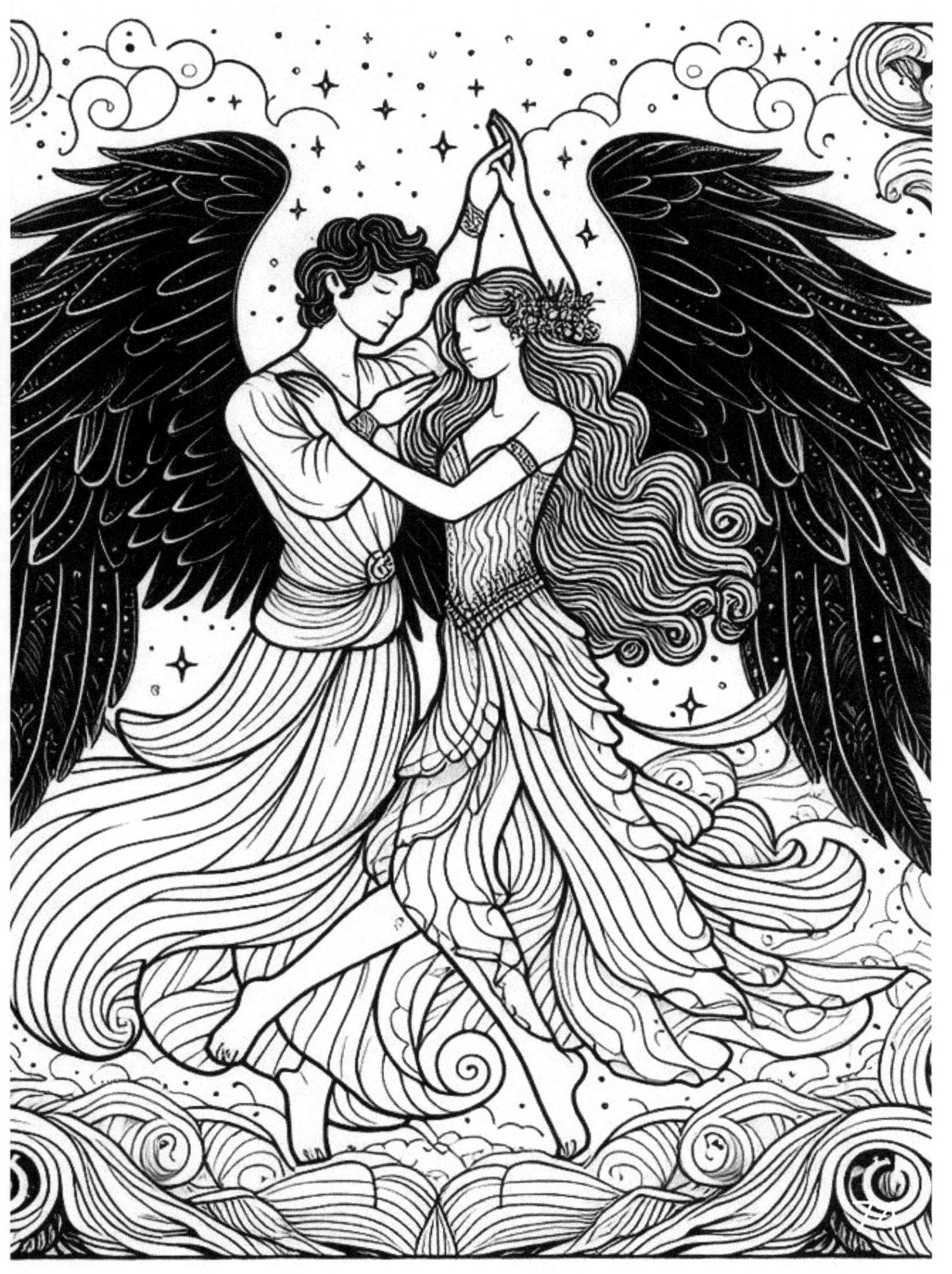

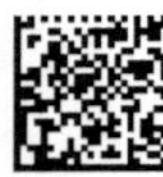

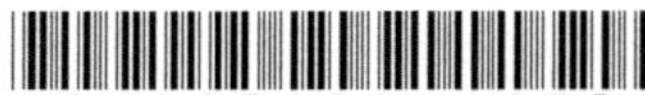
9 7 9 8 3 4 5 7 6 6 6 7 5